本书为教育部人文社会科学研究2013年度青年基金项目“中国语境下的机构话语研究——评价理论的视角”（编号：13YJC740028）的最终成果

Legal Discourse

体裁分析视域下的中国法律话语研究

韩征瑞　著

暨南大學出版社
JINAN UNIVERSITY PRESS

中国·广州

图书在版编目（CIP）数据

体裁分析视域下的中国法律话语研究/韩征瑞著．—广州：暨南大学出版社，2016.12
ISBN 978－7－5668－1900－0

Ⅰ.①体…　Ⅱ.①韩…　Ⅲ.①法律—语言学—研究—中国　Ⅳ.①D90—055

中国版本图书馆CIP数据核字（2016）第172037号

体裁分析视域下的中国法律话语研究
TICAI FENXI SHIYU XIA DE ZHONGGUO FALV HUAYU YANJIU
著　者： 韩征瑞

出 版 人： 徐义雄
策划编辑： 潘雅琴
责任编辑： 何月燕
责任校对： 黄志波
责任印制： 汤慧君　周一丹

出版发行： 暨南大学出版社（510630）
电　　话： 总编室（8620）85221601
营销部（8620）85225284　85228291　85228292（邮购）
传　　真：（8620）85221583（办公室）　85223774（营销部）
网　　址： http://www.jnupress.com　http://press.jnu.edu.cn
排　　版： 广州良弓广告有限公司
印　　刷： 佛山市浩文彩色印刷有限公司
开　　本： 787mm×960mm　1/16
印　　张： 9.375
字　　数： 160千
版　　次： 2016年12月第1版
印　　次： 2016年12月第1次
定　　价： 28.00元

目　录

1 引　言

1.1 简　介

在过去的二十年里，体裁研究已经成为应用语言学领域一个成熟的研究方向，并且已经被证明是分析学术话语和行业话语的行之有效的方法。众多学者已经对学术话语（Swales，1981，1990a，1998，2004；Johns，1997；Berkenkotter & Huckin，1995；Bazerman & Paradis，1991；Hyland，2000；Flowerdew，2002）、商业话语（Bargiela - Chiappini & Nickerson，1999；Bargiela - Chiappini，NickerSon & Planken，2007），以及法律话语（Bhatia，1993，2004；Bahtia，Candlin，Engberg & Trosborg，2003a；Bhatia，Candlin & Sharma，2009）做了大量的研究。学术话语一直是研究的主流，而同时很多学者也都将目光转向了各种行业话语的研究，包括立法、行政、教育、商业、广告等。但是，这些研究大多数都是基于英语语境，对于中国行业话语的研究却相对较少，特别是法律话语研究。

参考 Bhatia（1983a，1993，2004）、Swales（1990a，1998）、Bazerman（1998）、Bazerman & Paradis（1991），以及 Miller（1984，1994）的研究范式，本研究尝试将体裁分析应用到一种非英语语言（汉语）、一个不同的行业（中国法官）、一个不同的文本（民事判决书），以此来扩大体裁分析的研究领域。该研究从批判体裁分析的角度研究了中国民事判决书，目的在于了解它的作用、文本的特点，并进行互文性解读。除此之外，由于中国的语篇分析研究传统上只关注语言层面，所以该研究还希望使用体裁分析的多维和多角度研究框架来丰富中国话语研究的维度。

与立法和法庭审判（Atkinson & Drew，1979；Levi & Walker，1990）等法律话语的研究相比，研究者对民事判决书的关注甚少。比起其他学术和行业话语体裁，一些原因使得民事判决书对于语篇分析研究者来说比较难以驾驭。首先，民事判决书使用复杂的句法和专业的词汇，读起来艰涩无趣。其次，民事判决书往往长达数十页，和商务信函或学术摘要这些体裁相比，容易令人望而生畏。再次，一些分析者不无道理地假设民事判决书是很正式、很制度化的文本，因此重大的体裁变化甚少出现。最后，在中国，接触法律专业人士的途径有限，理解基本的内容知识有难度。这些都是体裁分析者面临的实际困难。

高度格式化的体裁因为常常与日常生活中创造它、解释它、使用它的具体语境分离而缺乏情景性，显得单一和呆滞。但现实却是另外一种情形，如 Freedman & Medway 所说：

体裁这一概念日益得到学术圈的重视，研究者使用它解释格式化文本的写作情景和写作过程……过去被认为相当随意和相当机械化的格式化写作实践，一下子有了很丰富的解读……（1994b，p. 12）

对于非法律专业人士来说，民事判决书中包含太多专业知识和信息，这也是事实。该研究旨在给出正确解读民事判决书的方法，进而揭示这一体裁的真实特点，使得这些“幕后工作”（Goffman，1959）不再神秘。

1.2 研究背景

该话语研究是在中国司法改革的大背景下设计的，旨在探索中国司法改革进程，以及改革对中国诉讼体系所产生的影响。中国社会，特别是在经济和技术方面，在过去30年迅猛发展，与之相比，司法体系却处于相对静止状态。如今，中国的法官必须处理他们的前辈从没处理过的一些新的领域出现的各种纠纷，比如合同、专利、电脑、互联网以及国际贸易。这些挑战因为一些法官专业知识技能的局限（Gechilk，2005，p. 123）而被放大。为了提升司法体系和法官的专业能力，中国在1997年开始进行司法改革。这一综合性的司法改革已影响到了中国司法体系的各个方面，包括本研究涉及的法官民事判决书的书写过程。

和其他一些国家如日本以及德国一样，中国沿袭着大陆法系。尽管中国和这些国家有很多相似的法律实践，但在很多方面存在不同。如 Stevenson（2003）所说，在美国和其他普通法系国家，法律文本主要针对“国家本身，或者更确切地说，一群国家演员——法院、官员以及执法人员”（p. 108）。外行人作为非专业人士，通常并不是法官和律师所写的专业文本的目标读者。外行读者主要通过律师和其他法律专业人士的解释和说明接触法律文本。在普通法系国家，民事判决书的主要功能是为司法体系和未来的判决树立权威（White，1995，p. 1368）。

但是在中国，作为一种法律体裁的民事判决书，既强调它的法律作用，又强调它的社会功能（傅郁林，2000，p. 123）。中国的民事判决书不仅仅是承载法律观点并解决各方争端的一份权威文本，同时也是向公众解释和普及法律知识的重要文本（详见《中华人民共和国民事诉讼法》第134条；1999年《人民法院五年改革纲要》第13、38条）。如今，最高人民法院要求民事判决书通过网络或印刷形式向大众公开。因此，除法律功能外，对中国民事判决书的体裁分析必须考虑到它的社会功能以及对于非专业人士的可读性。

对中国民事判决书的分析和对普通法系国家民事判决书的分析存在很大不同。在普通法系国家，法官在诉讼中享有独立司法权，他们对判决书的书写通常比较个性化并辅以法律推断和修辞考虑（Carroll，1995；Hafner，2006；Posner，1995；Solan，2004，2005；Tiersma，2001）。然而，中国的法官并未被明确授权建立判决先例（苏力，2001a，p. 12）。中国法官对民事判决书的书写不由个人主导，而是要遵循标准化的规则和惯例。所以，对普通法系国家法官的写作所做研究的发现都较少能在中文判决书中得以体现。司法改革意味着中国的司法实践要打破一些过度标准化的规则和惯例，要使司法文书的写作和丰富的诉讼背景相融合。中国的司法改革即将进入这样一个阶段，民事判决书不再单独是由法院这一机构所主导的一种机构文体，同时，法官也逐渐拥有足够的权力进行“情景化”的解读。

1.3 研究目的

本研究的主要目的是研究民事判决书的体裁特点、书写规则和惯例，以及法官和律师的操作。在这里，体裁特点既包含文本内部特点，又包含文本外部特点（Johns，1997，p. 93）。通过研究判决书、起诉书、辩护词，以及法律新闻报道等文本，分析了文本内部特点，包括判决书的语步结构、专用词汇、词汇和语法模式、修辞策略，以及语篇衔接。除此之外，这些文本特点的分析也会参考分析者的洞察力、受访专业人士的直觉感受、中国的司法背景以及正在进行中的司法改革等因素。

文本外部因素包括引用文本、读者/作者、体裁的社会功能，以及民事判决书是作为语篇和社会功能的部分，同时还包括诉讼背景以及更广泛的社会政治背景因素。例如在职业、机构、政治因素、社会生活几位一体中的专业实践及法律文化背景等。本研究的结果将主要通过文本分析来获得，同时会邀请法律从业人士反复斟酌并给予评论和建议。

1.4 研究问题

本研究旨在回答如下问题：

第一，在诉讼实践中，民事判决书的地位、角色、功能究竟何在？谁负责草拟？谁是读者？法官扮演什么样的角色？

第二，民事判决书是如何构成的？有无典型的结构模式？在这样的体裁下有无特别典型使用的特殊语步？何种语步是必要的而何种语步又是可选择的？

第三，民事判决书的典型词汇语法特征是什么？这些特点是如何构成文本的？

第四，民事判决书使用了哪些典型的修辞策略？法官们如何解释使用这些策略的合理性？

1.5 研究方法

尽管有经验的法官有时会在写作判决书的时候加入个性元素，但总体而言，写作民事判决书要求法官遵守一系列的法律、修辞规约。为了能全面地了解这些规约及法官自由写作的空间，本研究方法采用的是 Bhatia (1993，2004）的多维度、多模态批判体裁分析理论，对判决书的文本、引用的互文文本以及专业人士的访谈进行了话语分析。然后，借鉴 Hyland (2000）的学科话语分析方法，本研究对民事判决书的分析将采取三个步骤。首先，认真研读语料中的判决书。例如，为了解文本大意，关键的文本特征要特别标记，包括识别指示性语句、分清各个部分之间的界线、识别重复出现的句子/词组以及高度格式化的法律语言表达。通过这样初步的分析，尝试识别民事判决书的语步结构。其次，识别、解读词汇语法的典型用法，包括名词、动词、形容词、句子类型（陈述句、疑问句）及其他相关内容。本研究的目的不仅是了解民事判决书在句子层面的意义，更是把它们放在更宽泛的法律诉讼实践及司法文化大背景之下去解读其意义。最后，我们还将研究民事判决书的阅读连贯性，以及读者为了获得这种语篇连贯的阅读体验需要什么样的背景知识。

1.6 本书结构

本书由 7 章构成。第 1 章介绍本研究的背景、研究方法以及研究意义。第 2 章重点介绍传统研究所采用的各种体裁概念，并以此为分析民事判决书做好理论铺垫。第 3 章为本研究建立体裁分析的多种维度方法论框架。第 4、5、6 章将呈现本研究的分析结果。其中，第 4 章是关于民事判决书的语步模式分析，包括必要语步、可选择性语步以及常规的行文成篇方法。第 5 章从文本、分析者、专业人士多角度来解读民事判决书中典型的词汇语法模式。第 6 章主要研究法官如何建立民事判决书的连贯性以及读者如何理解这样的构建。第 7 章对本研究进行了总结，并进一步探讨今后研究方向。

1.7 研究意义

中国的民事判决书作为一种专业性法律机构文本，其研究拓宽了体裁研究的范围。另外，批判体裁分析也给中国行业体裁语篇的研究增添了一些基础性、实证性的内容。可以参考本研究借用的方法来研究中国法律、政治体裁等其他文本。由于中国的法律总是和社会文化问题密切相关，于是对民事判决书细致、颇具洞察力的解读也要和司法制度与文化历史问题的探讨相结合。本研究分析的重点是对法官专业实践的描写和解读，而不是分析法官与民事判决书读者之间的权力关系。且对法律专业人士设计的访谈问题（见附录）构思严谨，让行业从业者感到被赏识、被尊重而不是被戴着有色眼镜来审视。这样的策略可以用在中国范围内其他相似的语篇研究中。

本研究试图揭示民事判决书书写过程中的词汇语法特征、语步模式以及法官的实际顾虑，也有实际教学意义。研究结果可以被初级法官借鉴来书写类似的文本，也可以应用于其他法律教育和培训中。例如设计讨论话题、写作任务或是阅读材料。由于本研究探索了民事判决书的语言学特征、内在的修辞动机等，可以借此指导学生或接受训练者，提高其法律修辞意识，特别是关注诸如文本规约、话语策略、法律专业实践、社会法制文明等和民事判决书相关的问题。这或许能培养法学专业的学生对民事判决书等专业文本的敏锐触觉，并适当提高其专业读写能力。

2 文献综述

2.1 简 介

为使本研究在一个合理的框架下展开，本章将回顾体裁概念和法律话语研究的相关文献。本章将重点回顾不同的角度如何分析体裁，为下一章的方法论框架构建做准备。在应用语言学领域，Hyon（1996）曾探讨过三个独特分析体裁的流派：北美学派、悉尼学派以及英国专门用途英语学派。每个学派在研究文本和上下文因素上都存在理论基础、教学目标以及学术背景上的差异。悉尼学派对中小学校学生的读写能力感兴趣，重点关注的是通用“体裁特点”（Bhatia，2004，p. 60）的研究，例如用论述、叙述、描述等现实体裁形式。北美学派研究的是学术和专业体裁，并且该学派还试图解读文本和上下文之间的动态关系。英国专门用途英语学派起初主要的任务是教授母语为非英语的人学术体裁，但渐渐地，他们的关注点转到如何根据上下文去解读学术和专业体裁。

这些学派之间的差异其实并不是根本性的。英国专门用途英语学派的代表人物 Bhatia 和 Swales 的著作（Bhaita，1993；Swales，1990a）常被北美学派的学者引用。英国专门用途英语学派学者出版的著作中也常提及 Miler 和 Bazerman（Miller，1984；Bazerman，1988，2000）。他们常探讨一些既有区别又互相关联的议题，例如互文性、体裁的人种志研究、体裁的动态特点、规约和创新之间的分歧、体裁完整性和体裁混合性间的矛盾等（Berkenkotter & Huckin，1995；Bhatia，2004）。

2.2 体裁和悉尼学派

悉尼学派和韩礼德的系统功能学派密切相关。系统功能学派认为体裁不是“一系列简单的形式化的结构框架，在里面可以随意放置意义”（Martin，Christie & Rothery，1987，p. 64）；相反，体裁是意义构建的媒介。但是这里所谈论到的意义是词语意义、句子意义以及语境意义。社会文化意义也偶尔会被提及（Martin & White，2005），但讨论的重点主要在抽象的社会价值上，例如权利、意识形态，而且主要分析文本实践。Freedman 和 Medway 发现，使用韩礼德的语言学分析范式，悉尼学派更强调对文本特征的详细描述，而北美学派主要关注如何理清文本和上下文语境之间的复杂关系（1994，p. 9）。

悉尼学派对在社会符号层面上建立系统的体裁理论显示出了极大的兴趣。马丁建立了一个封闭式的上下文语境的社会符号理论（Martin，1992，p. 493），他认为上下文由三个抽象层面构成：语域、体裁、意识形态。文本又组成了其他三个层次：语义层、语法层和音系层。这个复杂的理论构建给实用研究带来了巨大的挑战，特别是像 Bhatia（2004）、Bazerman 和 Paradis（1991）等人探究的关于文本实践和社会实践关系的这类研究。

悉尼学派关注的焦点多集中在各种语法范式和各种数据上，这就使得它和其他两个学派差别较大。尽管悉尼学派在全面系统地研究不同词汇语法特征上硕果累累，例如主题选择范式、行为动词、连贯手段等，但是它忽视了互文性分析、上下文语篇和社会调查。故本研究主要关注分析主题、谓语动词和连贯手段等研究（Halliday & Hasan，1976）。

2.3 体裁和北美学派

2.3.1 作为社会行为的体裁

传统的修辞主要分析文本特征、文本类型、学科语域，但是新修辞学研究（Miller，1984）提出一种新的理论，重点关注上下文和社会实践背景。体裁的概念不仅被定义为解释文本的产物，而且体裁也涵盖了大量的社会信息、上下文信息，旨在将文本解释为过程，仿如内嵌在社会实践中的工艺品。Miller 对体裁的理解体现了一位社会学家的见解，他认为体裁不能仅仅通过分析语言学特征来定义，还必须考察语境和上下文。语境考察的一个重要方面是体裁和读者/作者之间的关系。尽管在特定情境下，作者要遵守典型的规约来达到交际意图，但他们同时也有特定情境下的意图。为了实现这些意图，作者必须同时兼顾社会背景和他们个人自身表达的需要。于是，体裁的构建就不仅仅是一个正式的实体，也是将作者意图实例化的一种修辞方式。

体裁和作者/读者之间的互动性关系在 Miller（1984）、Biesecker（1989）、Berkenkotter & Huckin（1995）的文章中有讨论到。Berkenkotter、Huckin 也提出了一些重要的全面分析体裁的视角，其中包括动态性、情境性、形式和内容、结构二重性、言语社区等。关于这个学派对体裁方面的更多讨论可参阅 Bitzer（1968）和 Biesecker（1989）的相关著作。

2.3.2 分析维度

北美学派采用多种分析维度来考察学术、专业体裁复杂的社会性以及上下文语境。首先，尽管没有严格采用人种志研究的分析实践方法，但这些学者也采用了观察、访谈、历史文档分析等方法来阐述文本和特定上下文之间错综复杂的关系。例如，通过对早期学科学术期刊等文本数据的历时分析，Bazerman（1988）回顾了特定学科学术体裁的发展，并揭示了在不断变化的社会大背景下如何塑造我们今天所看到的这些体裁。

为了更充分地描述文本组织结构，他认为在理解文本组织结构上，文本互动和认知的问题、社会互动、社会历史等议题似乎更有前景（Bazerman，1988，p. 229）。采用人种志学的途径，通过纵向调查实地的研究者有 Beaufor（1999）、Smart（2006，2008）。

其次，新修辞研究也讨论了关于主体能动性和创造性/自主性写作的问题。Miller（1984）反驳了 Bitzer（1968）所持的对上下文是静态的而不是动态的观点，并强调在利用现有体裁规约之下作者/读者的创造性。像 Connor & Johns（1990）和 Bazerman（2004）等许多有见解的研究者都把体裁既视为社会规约也视为独立个体。他们的研究关注个体如何在社会规约化的交流中获得自我肯定，如何利用现有的文本范式实现自我目的。学术界或专业领域的从业者能很好地理解情境、语境、时机，他们都知道如何运用恰当的规则达到特定的目标。主体能动性和个体性现象是在任何体裁里都共有的，合同、法律文书、法律判决书等高度规约化和制度化的语篇也不例外。

最后，新修辞学里常分析探讨互文性，Devitt（1991）的文章里也提出了理论性的分类。Devitt 把互文性分为三类：体裁性互文、引用性互文和功能性互文。体裁性互文和 Miller 的“作为社会行为的体裁”说法相近，或者类似 Bitzer 的“修辞情境控制”，即当一个人构思一个文本时，他总被与文本社区成员所达成的通用规约所束缚。引用性互文所定义的范围就具体许多，如一个文本引用或提及其他文本。功能性互文和体裁设置或体裁链相关，如发出的求职信收到了回复，向图书馆索借一本书收到了有馆藏通知，上交的一篇调查报告收到了修改意见书，等等。对互文性的这种分类为研究民事判决书错综复杂的文本和体裁提供了坚实的框架基础。

2.4 体裁和专门用途英语学派

2.4.1 体裁的概念

专门用于英语学者，主要研究的是给非本族大学生教授的各种学术体裁，且近些年的研究主要关注的是教学型体裁。为了提高学生对学术写作能力的认识，John Swales 认为：

> 一个体裁包含了一类交际事件，这些交际事件有共同交际目的，这些目的能被话语社区的专家成员识别，使得体裁的生产有理可循。除此目的之外，体裁还在结构、类型、内容和目标受众上有不同范式的相似性。如果所有的目的都得以实现，个体就会被话语社区看作典型范例。（Swales，1990a，p. 58）

Swales 认为文本在许多交际事件中起到了至关重要的作用（1990a，p. 45），尽管他关注的是英语书面文本，但是也没有将口语体裁研究方法排除，他考察了参与者话语、网络图片/文档的记录、观察笔记等。这种对人种志研究方法的采用可以在 Swales（1998）和 Bhatia（2008）的研究中看到。

根据 Swale 的研究，目的就是把一个体裁和随意一组句子区分开来的决定因素。例如新闻报道就是要传播信息，把每天发生的事情告诉读者；招聘广告就是要向大众传达一个公司有空缺职位的信息。当对一个体裁进行描述和下定义时，Swales 提出使用"一组交际目的"而不是"单一交际目的"的说法（1990a，p. 47）。因为他发现一个体裁的目的很少是单一的，就像新闻、法庭询问以及论文摘要一样。Swales（2004，pp. 60 - 98）在研究中强调了此发现，并且认为目的也是有文化特征的。但是他未考虑不同体裁目的之间的相互关系。Bhatia 对体裁目的的问题提出了进一步的疑问，并通过一系列包括体裁混合、体裁冲突、体裁屈服等在内的概念来探究特定体裁的多重目的（Bhatia，1997a，2004）。

本研究将 Swale 对体裁目的的定义视为重要的因素，并理解、分析及解释民事判决书的宏观语步结构、典型的词汇语法特征以及使用的修辞策略。体裁目的的研究是通过网上调查、图书馆查阅、专家访问等进行的。但对法官修辞策略的分析以及他们实际语用考量的研究需要使用体裁的概念。Swale 对体裁的定义适用于对学术体裁进行研究（Chang and Swales, 1999；Hyland, 2004）。然而为了分析使用中的各种专业性体裁，还需要更具灵活性的定义，将体裁放在一个更加宽泛的视角里（Bhatia, 1995, 1997；Bremner, 2008；Swales, 1998）。Bhatia 关注专业性体裁并提出：

> 体裁是被在其经常出现的专业或学术领域中的人所互相认可和理解的，有一系列交际目的可辨认的交际事件。通常，体裁由于一些限制条件而被高度结构化、规约化，这些限定条件关乎体裁的意图、定位、形式和功能价值。然而这些限定条件也经常被话语社区所利用，在社会认可的范围内来实现个体意图。（Bhatia, 1993, p. 13）

正如 Swale（1981, 1990a）所述，Bhatia 将“交际意图”作为定义、分析体裁的主要标准。而且，他还更关注体裁的规约性和利用一般规约的多功能性，因为专业性文本和学术文本还是有很大不同的。在学术领域，一般规约起到了主导作用，而且只有资深的学者才能在他们的写作风格中体现有限的自由，去做些许的修辞创新。但在专业领域就没那么多规约规则的限制，而且有经验的从业者经常用这些一般规约来实现他们的个体目的，故分析民事判决书时有必要研究法官的情景化交际意图。

2.4.2 分析维度

专门用途英语学派在学术体裁和专业体裁的研究中采用了多种分析维度。例如衔接和话语交互。Swales（1990b）的研究中已经分析过体裁的衔接。Swales 对衔接的叙述以社会为导向，而且他认为衔接是读者赋予文本的特征之一，而悉尼学派学者则把衔接性归为文本的内在功能，比如 Halliday & Hasan（1976）、Martin（1992）、Halliday & Matthiessen（2004）。Swales 使用了目的、文本框架、社会期望等参数讨论文本的衔接性，以及读者通过何种方式获得衔接。当今，对衔接的研究都是在 Swales 所建立的框架下进行的。Martin（1992）所探讨的主题链、衔接手段等也常被引用。

话语交互通常被用来解读专业文本，如 Bhatia（2004, 2008）、Candlin & Maley（1997）等人的研究。关于互文和话语交互的区别 Fairelough（1992, p. 85）有讨论到，但是，Bhatia（2008）的专业体裁研究将这两个概念具体化。本研究将用到互文性的概念来检验在民事判决书中直接或间接引用的法律文献，并且关注文本的引用以及引用出处和功能（Swales，1986a）。此外，话语交互就是指在民事判决书中一些话语意义之间的关系，包括诉辩、汇报、劝说和合法化话语。再者，话语交互解释了为什么法律专家要援引管理话语、调解话语等来达到特定情境中的目的。在民事判决书中，嵌入这些话语或者将各种话语混合在一起和明确地引用某个具体文本不同，文本引用就是互文的概念范畴了。

分析专业体裁或者学术体裁时，专家访谈是一个有效的方法。本研究中，专家意见是通过一般性访谈和基于文本的访谈两种方法获得的。一般性访谈通常是自由回答。专家们被问及一些非常广泛综合的问题，其目的是鼓励他们回顾自己的职业经历，讲一些有趣的故事。而基于文本的访谈则较为具体，例如具有导向性的提问都是基于体裁实例分析基础之上的。这样做的目的是希望专家能对研究者的文本分析结果进行评价。当然，专家们也可以对特定的问题补充自己的见解。本研究中，专家们意见的获得还得益于叙事研究法（Connelly & Clandinin，1990）和个人经验法（Clandinin & Connelly，1994）。

2.5 法律话语研究

本小节回顾关于法律话语的研究以及本研究的大背景、研究获得的理论支撑。研究的大背景包括 Bhatia（1987）、Kurzon（1997）、Maley（1994）、Gibbons（1994）、Wagner（2010）等人的研究，具体的文献来源包括 Bhatia 以及其他学者关于法律话语国际研究的项目（Bhatia、Candlin、Engberg & Trosorg，2003a；Bhatia、Candlin & Gotti，2003b；Bhatia、Engberg、Gotti & Heller，2005；Bhatia、Candlin & Engberg，2008；Bhatia、Candlin & Sharma，2009）。Bhatia（1987）以及 Wagner（2010）强调了在社会背景之下研究法律语言的重要性。民事判决书的研究不仅包括对文书里专业法律词汇、话语表达的分析，而且也涵盖了法官使用的修辞策略和这些表达策略所产生的语篇性暗含意义。

Bhatia（1987）的研究表明研究法律语言主要就是把分析法律语言当作分析“社会行为的媒介”（1987，p. 227）。Wagner 指出，“法律和语言”是和特定时期、特定空间的社会文化事件紧密相连的。任何法律语篇的研究都应该是法律体裁研究的主要方面，与法律词汇、语法相关的语域，法律体裁以及语篇或许是次重要的。Kurzon 将专业的、特别的词汇和表达称为“法律语域”（1997，p. 119）。本研究探究的民事判决书试图寻求的是对此类文本的扎根性解读。对法律语言采取扎根性解读并不新奇，比如 Maley（1994）、Gibbons（1994）、Bhatia（1994）。“日常法律语言运动”不考虑法律法规操作，试图将法律语言简化成日常语言。但 Maley 对其产生的影响深表怀疑。她试图对法律语言的两种说法进行区分：一类法律语言作为整体法律机构的整合部分，承载专业操作行为和意识形态；另一类法律语言是无益的、边缘化的语言，甚至应该对其进行改革（1994，p. 49）。她认为前种法律语言要慎重对待。在对一些法律话语的文本特征进行了研究和解读之后，Bhatia 强调法律话语有它存在的充分理由，所以人们应该努力理解这种体裁，而不是强加一些法律语言之外的普通表达，使其改变（1994，p. 153）。

在上述研究大背景下，本研究主要参照 Bhatia（2003a，2003b，2005，2008，2009）的方法论和分析方法进行研究探索。考察民事判决书的这种高度标准化的、制度化的体裁时研究一般整体性、模糊性和具体性之间的对抗性问题（Bhatia，1993，p. 145）。在研究中，他通过分析具体法律文本的词汇语法、条件句、副词、“交际需求”（2005，p. 17）等，探讨在标准化文本中的模糊性问题，以及法律从业者在应用和解读法律的过程中体现的主体能动性。Bhatia（2003a，2003b，2008）试图发现同一个法律文本（《国际仲裁条约》）是如何在不同的国家具体化的，特别是他们需要遵守由联合国制定的共同标准。除了研究关于法律文本的社会构建过程之外，这个研究所用的方法对于深度分析民事判决书的体裁也是适宜的。这些方法论包括如下三个步骤：第一，文本的语言学分析；第二，对立法文本和法律解释的基础性描述；第三，通过参考社会、文化、政治、经济、语言、法律等因素，对第一、二步所确定的内容进行解释。这三个研究步骤只有在研究者拥有充分数据的前提下才能进行。在中国，出于法律制定实践过程的保密性等原因，有时很难获取用于民事判决书分析的互文性文本或者陈述数据。保密性这个问题 Bhatia（2009）有讨论，他认为通过分析替代性文本或者陈述性数据是可以重构已发生的行业实践过程。话语重构这一研究范式对深度分析民事判决书及其诉讼实践背景非常重要。

2.6 总 结

本章在回顾体裁研究的三个传统、研究的共性、研究重点以及关于法律话语研究的各类文献的基础上，试图呈现研究的大背景。本研究并不只是采用某个学派的观点来构建理论和进行分析，而是试图整合各种有利于分析民事判决书的理论观点。对民事判决书的批判体裁性分析需要考虑典型的、有意义的词汇语法特征，并借鉴悉尼学派全方位的语言学分析范式。Swales 和 Bhatia 对体裁的定义强调了一般性传统和多样性，这对于从社会文化角度来解读民事判决书十分重要。北美学派的分析视角为解决民事判决书、相关法律文本等在话语交互层面上的分析提供了一系列有用的参考。对法律话语研究的回顾为本研究的分析内容、方法提供了具体的参考来源。

3 研究方法

3.1 引　言

本章通过文献综述展现分析框架。首先重点讨论已有的体裁分析方法，介绍研究的步骤和具体的分析层面。接着解释、详细举例说明元话语、衔接、话语交互等概念。这些概念可为一种文本体裁的民事判决书的分析提供现成的分析维度。尽管句子、段落、动词、引述文本等其他分析层面也是必不可少的，但以上三个概念相对复杂，是民事判决书分析的主题。

3.2 研究步骤

体裁分析的重点是文本分析和直接上下文背景分析（Swales，1981，1990a）。尽管Swales认为“话语社区”的概念是定义体裁的关键点，但分析学术体裁主要还是针对语步结构和词汇语法特征（Swales，1990a）。这种方法为特别用途英语的教学目的服务，但为了理解民事判决书的语言学及其总体特征，本研究需要从更大的专业背景和专家的专业实践中考虑，于是我们将采用Bhatia（1993，2004）所详述的多角度、多层面分析框架。本研究中的语言学分析明确了民事判决书的语步模式、每个语步的目的以及民事判决书的词汇语法模式。因为单一的语言学分析并不足以充分展现民事判决书的全貌，所以此处的词汇语法分析也不像Martin（1992）、White（2005）的研究中那样全面。只有对诉讼实践有意义的文本特征才会被拿出来解读。语言学分析的目的不仅是分析文本本身，而且是找出那些具有社会法律特征的话语元素来探讨意义是如何通过磋商构成文本的。

在进行了语言学分析之后，对于特定情境下的文本也采用人种志的调查研究方法。民事判决书作为诉讼的一部分，要对其进行全面、深度的了解，制度性方面的原始档案、专家语录、真正专业实践的观察记录等信息源也至关重要。本研究采用了 Bhatia 对直接情景语境和更具宽泛性的文化语境所进行的区分（Bhatia，2004，p. 125）。这个区分理论比其他类似的概念构建要简单明了，例如 Halliday（1978）的情境、文化语境等。除了 Halliday 对语域、语旨、语式的构建外，Bhatia 还用参与者的关系、态度、社会距离、目标、互文关系等来解释体裁的即时情境设定；用社会、专业文化来解释更加宽泛的上下文背景。本研究将涵盖民事判决书的直接背景和更宽泛的社会文化背景来对文本进行有意义的解释。本研究将借鉴 Bhatia 多角度、多维度的分析模式框架，从多维度分析民事判决书，包括修辞模式、词汇语法特征、律师法官语录、中国司法系统特有的文化特征以及其他有构建意义的体裁（起诉书和辩护书）。研究数据通过图书馆/互联网查阅、寻求特定机构或专家帮助、访谈法律从业者等方式获取。下面将讨论本研究主要分析的主题。

3.3 文本内部特征

3.3.1 元话语

许多不同的理论都和元话语的概念相关。一些人认为元话语就是关于文本的文本，指向文本的组成要素——句子、段落、章节等之间相互关系的语言工具（Mauranen，1993）。而一些人认为把元话语仅限制于文本层面会削弱这个概念的解释力，于是他们还进一步使用了人际功能（Hyland，1996，2005）。在对这两个功能的认识上有两个共同的关注点：首先，元话语并没有对文本增加命题意义，而且没有元话语也不会影响文本所传递的意义。其次，元话语使文本更易于被读者接受，它不仅把作者对论点的看法/态度呈现出来与读者交流，同时也将作者对意义进行磋商的意图传达给读者。这两点都强调了作者对读者的重视，作者的书写风格、可信度，对读者周到的考虑等（Crismore et al.，1993，p. 40）。本研究中的元话语都具有语篇和人际功能，而且本研究还特别关注能实现法官人际意图的元话语手段。

对基本理论的深究产生了对元话语手段复杂的分类。此处并不详尽地介绍所有元话语手段的分类，因为本研究只借鉴适用于民事判决书分析的相关手段。为了解释中国法律界专业人士——法官、律师是如何在民事判决书这种高度格式化的体裁中展现个体特征意义的，我们将研究反复出现的如下两个元话语手段——模糊语和强调语。

Hyland 定义了模糊语的功能：

> 像“或许”“可能”“也许”等模糊限制手段的使用就暗含了作者认为某问题有其他可能性、其他解读。对一个命题没有完全认可许诺，而是有所隐瞒和保留。(Hyland，2005，p. 52)

作者对观点有所保留或许是因为他们考虑到他们的观点并不一定符合事实，也或许是因为他们意图通过向读者显示尊重以获得他们的认同。但其实后者的解释对民事判决书的解读无多大意义，因为法官在争议双方中是持中立态度的，而且法官有着不可挑战的权威（除非他被指控失职），法官在书写判决书的过程中不应该也不必要透露出顺从、谦逊的意味。相反，他们需要恰当地行使他们的权力，用正式语气书写判决书，从而体现法官的权威。恰当地使用模糊限制语和强调性词语是达到此目的的方式之一。

该研究将民事判决书中的模糊限制语在特定的文本、上下文语境中进行分类、分析、深度解读，研究不仅描述模糊语本身，还要根据一些事先建立的理论解释模糊限制语的使用。强调语指的是强调作者个人态度或者说理意图的各种语法手段。“强调性话语”这个术语强调的是词汇语法的主要功能，如法官使用的“任何、自然地、显然地、具体地说、非常地”等词语。这些表述突出表明了作者对一个真值命题的完全肯定，阐明了法官书写民事判决书时的情景化考量，从法律视角而言，其修辞意义较为明显。元话语对于民事判决书和中国法官而言相当重要，因为它为法官建立个体风格提供了合法手段。法官的个人身份通常是融入法院以及集体认同中的，所以这对于中国法官而言意义重大。例如，通常法官可以用强调性话语来直白地展现个人的分析和理解，如“被告的行为直接伤害了原告的社会名声，故被告理应承担赔偿责任，被告抗辩显然不合理”等这样的表述。强调性话语除了用来表明法官意见有说服力外，还可以用来表达法官自己个人对事实或者证据问题的评价态度。“直接”和“理应”这样的词汇明确地传达了法官对被告行为的负面评价。“理应”则暗含了被告没有任何理由拒绝赔偿。法官说被告的论点很“显然”是无道理的，这不仅是因为被告的论点真的完全站不住脚，更因为对于被告寻求一些无理的意图让法官产生了负面态度。

3.3.2 连　贯

本研究中“连贯”的概念借鉴了 Swales（1990b）、Martin（1992）、Sanders & Noordman（2000）、Sanders et al.（1992）、van Dunne（1996）等人的研究成果。而定义连贯的概念有两个方法。首先，连贯可以被描述成与读者的解读无关的文本特征。Sander 认为“语篇展示了连贯性”（Sanders & Noordman，2000，p. 38）。这个理论导向的研究者也致力于考察文本的衔接手段。其次，连贯也可以被看成读者解读文本的特征之一。一个语篇之所以连贯，是因为读者能从中获得符合逻辑的、互相关联的认知解读（Enkvist，1990，p. 11）。为了能对语篇有一个连贯性的理解，读者要结合文本和情景/文化语境，借鉴经验、知识解读。在分析连贯性语篇的时候，语篇中的衔接手段哪怕不是语篇的必备特征，也是十分重要的（Sanders et al.，1992，p. 2）。而更重要的因素是读者的期待，这包括目的期待、框架期待以及文化期待（Swales，1990b，p. 198）。

为了研究民事判决书中的连贯性问题，本研究用的是稍加修改的规约性连贯概念和叙述性连贯概念。Van Duune（1996）认为规约性连贯是指判决书是和整个法律系统具有内在一致性的法律文本，其写作符合法律要求，符合行业规范。叙述性连贯认为判决书呈现的事实和选择的法律都是在合理使用证据的基础之上。但这两种连贯没有考虑到文本的连贯性，所以这样的讨论对于分析民事判决书还不够充分。故本研究采用话语连贯这一概念来讨论文本语言学层面的一致性，用话语连贯这一概念来指代规约连贯和叙述性连贯。本研究对连贯的分析是以质性分析为导向的，不采用统计数据分析。因为这里只是描述民事判决书文本的大致体裁特征而不是具体的语法特征，只是介绍如何分析民事判决书的连贯性问题。分析独立的句子没有分析句群那么有意义。只有把一段话或者一个部分的句子进行分组研究，才能看出在各种动词和独立句子内容的选择是否有趋同或者趋异的趋势。而这些趋同或者趋异的趋势就决定了语篇连贯的程度。分析过程涉及“及物性”和“主位”（Halliday & Matthiessen，2004，p. 64）这两个概念，用来解释特定语篇在何种程度上满足读者对连贯的解读和期待。

“主位”被定义为“信息出发点的元素，正是这些元素在语境中对小句进行了合适的定位和指引”（Halliday & Matthiessen，2004，p. 64）。主位代表句子的主题和指向小句所处的直接沟通语境。理解书写民事判决书中使用的主位对于抓住诉辩的核心至关重要。例如，在书写民事判决书的时候，那些主位一致的内容常被优先考虑，而且这些主位应当是互相关联并且有交互意义的，不然就会使诉辩不连贯，不易于被读者接受。本研究除了考虑独立句子的主位以外，主位链也会有所涉及，目的在于分析这些主位链中的连贯性变化情况。Halliday 和 Matthiessen（2004）在研究中讨论到实现主位的方式，包括概念的、人际的、文本的方式。Bloor（1995）在研究中还详细分析了不止一种主位推进模式。但是这两个讨论和分析民事判决书关系并不密切，因为在民事判决书中出现的句子不像小说或者故事里的那样多变，例如 Halliday 和 Matthiessen（2004，p. 100）的研究。许多句子都是以诉讼参与人（原告、被告、证人、法官等），或一个特定的事实要素（具有争议的协议、短交货物、专利权等）开头的。它们多数都是单个单词或者简单的名词词组，没有复杂的内在句法结构。研究主位链的主要目的就是研究主位选择是否具有一致性或者变化情况，同时也探讨其在法律制度上和实践中的限制性问题。本研究对句子主位进行深层分析，分析其文本特征，并在中国法治文化背景之下仔细解释这些文本特征。

3.4 文本外部特征

Hyland（2004）、Bazerman（2004）、Devitt（2004）等许多研究都认为互文性和话语交互对语篇分析至关重要。这两个概念之所以重要，是因为“互文”指的是一个文本从来都不是孤立存在的，总处在由其他许多文本交织而成的复杂网络中。Swales（1986a）就做过这样的研究。应用语言学界的学者对互文单纯的语言学分析并不满意，于是他们通过援引社会构建主义运动和新修辞写作研究的观点，以及批判话语分析的著作，把互文性研究扩大到了话语交互的层面上。

对于互文和话语交互概念，Fariclough 做了如下的解释：

> 互文性的基本属性就是任何单一文本充满着碎片内容，这些内容可以被明确划定也可以相互融合，而且还可以被所在文本同化，和所在文本互相照应等。互文性把文本看成具有历史性的，可以把过去、现有规约或者之前文本等交互生成的现有文本……（Fairclough，1992，pp. 84 – 85）

Fairclough 将“互文”和“话语交互”区别开来。前者指的是先前文本明确出现在其他文本中，而后者指的是像 Devitt（1991）所述的不同语篇之间错综复杂的关系。除了 Swales（1986a）、White（2004）、Bazerman（2004）等人分析过互文性的不同层次和展现互文的手法以外，Bremner（2008）还研究了在工作场所交流中的互文实践，分析了商务沟通从业人员如何通过互文分析给学生提供更多的文本支持。Bazerman（2004）提出了六种实现互文的方法，其中包括直接引用、间接引用，提及某人、某文本、某陈述等。这种分类方法虽然有用，但是单纯的分类对于深度分析学术和专业体裁还不够，在研究作者为什么这样构建某种特定的文本时还要考虑到社会文化语境。

Candlin 和 Maley（1997）用话语交互的概念分析调解和诉讼话语的相互作用，这在本研究中指的是不同话语间的混合。他们通过对调解话语的文本分析发现，因为调解人先前接受了系统的法律专业训练，调解话语的总体完整性不可避免地被法律话语所侵蚀。他们认为话语交互可以成功地解释不同专业话语之间的高频相互作用。他们的研究并没有就单一体裁做综合性的分析，他们也没有很好地区分字面互文和话语交互。本研究借鉴 Bhatia 对话语交互的研究来探讨这一问题，Bhatia 认为：

> 话语交互总是出现在各种话语事件中（或是各种体裁、专业活动中，甚至是专业文化语境中）。话语交互总是基于两个或者多个话语构建共有的体裁或文本特征，为了对新文本的构建有很好的理解，就要理解好这些共同的特征。于是话语交互可以看成在三个层面上的跨领域体裁资源共享：专业体裁、专业实践、专业文化。（Bhatia，2010，p. 36）

由此可知，互文性讨论的是文本之间的关系，而话语交互在专业话语研究领域讨论的是专家们如何恰如其分地使用文本外部的跨领域体裁资源。话语交互可以在语境、专业操作、专业文化，甚至社会文化的同一层面或不同层面发生。一份民事判决书通常涵盖了许多任务：宣布法官对当事人的决议，说服当事人决议公平以及展现法官的专业素质。这些不同的任务需要通过不同的话语来实现。本研究试图讨论一些具体的问题，如民事判决书承载了什么样的话语形式，这些话语形式之间是什么关系，为什么法官除了书写法律话语外还要用到其他话语形式，以及什么样的语言表达使得多样的不同话语之间的融合成为可能，并且是合法的。这些问题都可以通过分析文本的修辞目的、词汇语法特征、内部结构以及专家对相关文本的描述等来解决。这些分析试图表明民事判决书在诉讼实践中是一个理想的单话语体裁抑或是一种是多话语构建。

3.5 数据收集和分析

本研究的数据主要源自民事判决书和专家访谈。判决书是从网上或出版材料中获得的。研究者随机整理100份民事判决书做成语料库，并且特别收录2000年以后做出的民事判决书。最新的判决书才更能有效地反映司法文化和实践。在判决书涉及的法律纠纷的类型上没有刻意偏好某一领域，既有合同方面，也有人身伤害或者财产损失等其他方面。文本研究从仔细阅读和分析语料库中的30份民事判决书开始。研究者仔细通览每一份判决书，旨在标记和发现重复出现的词汇语法特征和话语模式。任何出现在这30份民事判决书里不明确的特征和模式都会和其他20份进行对比研究。剩下的50份民事判决书用以佐证研究发现。总的来说，本研究的撰写共引用了25份判决书里的41个例子来汇报研究者的分析和论据，引用的文本多指向语料库中具有代表性的中国法官话语实践方式。文本分析和专家访谈表明中国的民事判决书总体上是高度标准化、格式化的文本。

专家访谈来自七名律师和三位法官。律师来自北京、浙江、河南的律师事务所，大多数已经从事律师职业超过八年。三位法官分别在浙江和河南的中级人民法院工作，其中两位分别有五年和二十年的诉讼经验。第三位在浙江杭州某法院撰写判决书已经有六年。访谈既有一般性问题也有基于文本的问题。一般性总体访谈的目的是希望专家反观自己在法律工作中的角色、职业素质以及生活经历。研究者希望这些律师和法官能叙述一下自己的职业生涯或者部分生活经历（Wengraf，2001，p. 5）。基于文本的访谈试图检验文本分析的发现，而且也希望这些专家能谈谈他们自己的感受。为此，我们进行了15个时长分别约1小时的正式访谈。本研究对访谈数据的解读受Seidman（1998）观点的影响。他认为访谈应该包括三个部分：第一，访谈专注于生活经历；第二，访谈论及的主要是经历的一些细节；第三，访谈是对这些生活经历的意义的反思。这三个部分能够更好地了解研究的目的，但Seidaman（1998）的研究仅仅是基于分析有深度的访谈数据。本研究主要是基于文本的研究，而且访谈也用来做文本、话语研究的补充。本研究的目的是以社会法律背景来对民事判决书进行有意义的解读。所以不会刻意遵从某些特定的研究步骤，这三个部分都将在一个访谈中进行。对这两种主要数据进行补充的是其他一些多角度的数据。民事判决书作为一种高度跨文本、跨话语的体裁，它涵盖了其他许多的语篇，例如起诉状、辩护词、证词。既要对这种应用性体裁进行深度、全面、详尽的分析，也要对这些语篇进行基本的了解。

4 民事判决书的体裁结构

4.1 简 介

本章分析民事判决书的体裁结构，采取四个步骤来确定民事判决书的语步模式。首先，分析语料库以找出这个体裁的语步模式。其次，研究每个语步的交际目的和内部结构。再次，分析每个语步的内容，找出在这些语步中法官如何使用特定语言工具实现交际目的。最后，重点研究在书写民事判决书时法官使用的修辞手法，以及使用这些手法背后是否还考虑了特定的情境因素。

因为民事判决书面对不同的读者群，所以本章将探讨判决书的可读性问题。可读性是个很重要的概念，在法律领域，普通英语运动中就经常探讨它（Barnes，2006；Kimble，1994；Turnbull，1997；Williams，2004）。研究者研究各种不同法律文本的可读性主要是考虑到那些普通的非专业读者在阅读民事判决书这样的文本过程中会有困难。有学者建议法律语言应该要严格审查，最好是在为文本提供必要的法律精确性、确定性和为普通非法律专家读者提供通俗易懂的文本之间找到一个适合的平衡点，寻求更好的解决办法（Barnes，2006，p. 131；Turnbill，1997，p. 22）。这些研究都表明中国的民事判决书有多个目的：对于诉讼各方而言，判决书确立事实，定义法律争议，给出法院判决；对于上诉方而言，判决书关乎上诉程序的启动，这些程序的目的本身就是用来给大众监督的；对于法官而言，判决书给今后类似案件的判决提供了借鉴；对于外行读者而言，这些判决书给他们普及了特定背景下的法律知识。尽管有学者认为民事判决书的目标读者有法律专家和普通非专业人士（苏力，2001a，p. 16），但就语料库所呈现的，法官很少使用特殊的修辞手法来使他们的判决书更易于普通读者阅读。在阅读这个体裁时，研究者发现了一份第 2 ~ 10 页的判决书可以没有任何明显排版标记或者没有任何区分不同部分内容的其他标注。

4.2 语步模式[①]

语料库中的民事判决书没有例如数字或者其他能直接指示这个体裁整体语步模式的明显的文本标记。它们还是有一些诸如所有权、事实、观点等基本的法律概念，而理解这些专业词汇是分析这种高度制度化和规约化体裁所必需的。但是，一系列的常规文本标记如“原告诉称”“被告辩称”“本院认为”等明确地在这种体裁中反复出现，这样就有利于体裁的语步分析。本研究在仔细阅读文本的基础上分析了每一份判决书，以期对文本有个总体的理解，揭示文本的意义特征。在分析了语料中所有的民事判决书后，我们发现了如下的语步模式（整个判决书的体裁分析例子详见附录）：

民事判决书的语步模式

语步一：标题
　　一：案号
　　二：诉讼方列举
语步二：引言
语步三：当事人诉求/辩护
　　一：原告诉称
　　二：被告辩称
　　三：证据（可选）
语步四：法院判决
　　一：事实
　　二：纠纷（可选）
　　三：证据（可选）
语步五：本院认为
　　一：解释法律
　　二：适用法律
　　三：法院观点

---

① 研究者对“语步”“步骤”概念的理解参考了 Swales 对学术语篇（Swales，1981，1990a）以及 Bhatia 对专业语篇（Bhatia，1993）的分析。他们用“语步”“步骤”来指特定体裁中某些固定组成部分，而意识到这些固定的部分会降低读者的阅读认知障碍。

四：相反观点（鲜见）

语步六：法院判决

一：裁判

二：上诉声明

三：签名

从这一语步模式中我们可以看出民事判决书的语步模式是格式化的，也就是说所有的民事判决书都固定包含了相同顺序的相同语步。标题、引言、当事人诉求/辩护、法官判决、本院认为、法院判决这些语步都是固定的，而且每个语步都出现在民事判决书固定的地方。因为专业和非专业人士都能很容易定位到其感兴趣的部分，所以这些大致固定的文本结构是有利于阅读的。由于有明确的文本标记标识每个语步，所以所有的语步都很容易辨认。例如，“法院判决”这个语步的文本标记通常是以“总结上述，判决如下”或者是以“判决如下”开头的。“法官判决”这个语步通常是以“原告在诉讼中向本院提供以下证据”“经本院查明”这样的文本标记开头的。这些标准化的语步模式使得民事判决书成了一种少有变化的高度规约化的体裁。在上述中，“证据”“相反观点”步骤尽管体现了法官在书写民事判决书过程中的说理和个体特征部分，但并不是所有的判决书共有的。以下研究将分析每一个语步及其它们的目的和内部结构。

4.3 语步一和语步二：标题和引言

标题和引言是民事判决书两个最格式化的语步。通过语料调查表明，这两个语步还有待改善。标题以固定的格式列举了和民事判决相关的常规信息，包括法庭名称、案号、原告及其委托代理人，被告及其委托代理人。引言部分简要地介绍了当事人的纠纷和审理过程。如下这个例子就是原告和被告（医院）的一个医疗纠纷判决书，双方当事人都聘请了委托代理人。以下引用的是其最后判决书的标题和引言部分：

某市某区人民法院民事判决书

（2003）朝民初字第××××号

原告王某某，男，19××年××月××日出生，汉族，北京某电子集团退休职工，住某市某区某小区××楼××层××号。

委托代理人王某（原告王某某之子），男，19××年××月××日出生，汉族，某大学医学部教师，住某市某区某大学医学部××号楼××单元××层××号。

委托代理人刘某，男，19××年××月××日出生，汉族，某大学医学部教师，住某市某小区某路××号。

被告北京某医院，住所：某市某区某街坊××号。

法定代表人陈某某，任该医院院长。

委托代理人邓某某，某律师事务所律师。

委托代理人高某某，女，19××年××月××日出生，汉族，该医院医务处干事，住该医院宿舍。

原告王某某与被告某医院医疗服务合同纠纷一案，本院受理后，依法组成合议庭，公开开庭进行了审理。原告王某某的委托代理人王某、刘某某，被告某医院的委托代理人邓某某、高某某到庭参加了诉讼。本案现已审理终结。[某市某区人民法院审理王某某诉某医院医疗服务合同纠纷民事判决书，(2003) 朝民初字第××××号]

从其修辞使用来看，很明显该文本不要求读者了解太多的内容。首先，文本布局很容易理清，因为每一个旨在表达的信息都逐项列出。其次，该文本也不太容易读懂，因为它使用了很多高度法律化的词汇语法结构，包括法律术语、数据、短语，特别是还用一些陈述性句子。基于此，有如下研究发现。

4.3.1 诉讼各方的介绍

所有民事判决书都要求介绍诉讼各方，即法官、当事人、委托代理人，但是没有统一的写法来介绍这些不同的参与者。在上例中，一些相关各方个人信息介绍得很详细，包括性别、出生日期、确切联系地址，但一些诉讼可能只写了姓名和隶属机构。诉讼参与方不同介绍方式如下：

(原告及其委托代理人的详细介绍)

原告：王某某，男，19××年××月××日出生，汉族，某电子集团退休职工，住某市某区某小区××楼××层××号。

委托代理人：王某（原告王某某之子），男，19××年××月××日出生，汉族，某大学医学部教师，住某市某区某大学医学部××号楼××

单元××层××号。

（被告及其委托代理人的详细介绍）

被告：北京某医院，住所：某市某区某街坊××号。

法定代表人：陈某某，任该医院院长。

委托代理人：邓某某，某市某律师事务所律师。

这里，判决书详细介绍了原告及其委托代理人，以致对于非专业人士而言有一些信息似乎太冗余，如民族、住址信息。被告及其委托代理人的介绍就简洁多了，因为对于非专业人士而言，案件如何不是他们关注的，当事人是谁或者法官的裁决如何都与他们无关。书写民事判决书时，对原告进行简要还是详尽的介绍，法官可以根据制度及具体案件方面的各种权衡来判断。

标题对于不同的读者群而言有着不同的意义。对于诉讼参与方而言，它就只不过是判决书格式的一部分，提供不了任何新信息。对于非专业读者而言，它明确了诉讼各方。对于专业读者而言，它是阐明包括诉讼各方的年龄、住址、关系等核心信息的重要部分。这些信息对于判断某一方的民事行为能力是非常有必要的——他/她在诉讼过程中是否有能力代表自己。再者，对于判断法院的管辖范围——是否有权利接手这个案件也是有必要的。法律要求某些诉讼参与方要给予详细的介绍。如根据《中华人民共和国民法通则》对“民事行为能力”的定义有如下两条：

第十一条　一个18岁或以上的公民则为成人。他有完全民事行为能力，可以独立参与公民活动，是一个对民事行为有完全能力的人。

第十二条　10岁或10岁以上的未成年人只有有限的民事行为能力。

这两条法律把年龄（18岁或以上）作为决定个体是否具有完全民事行为能力的唯一标准。于是，各个诉讼方的年龄就必须在民事判决书中予以介绍。在以上例子中，原告男，生于19××年××月××日。在审判的时候，他已经68岁了，是具有完全民事行为能力的人。他有权代表自己或者委托他人（王某、刘某某）在庭审中代表他。

同理，根据《中华人民共和国民事诉讼法》规定，当事人的住址决定了法院是否有管辖权来接手此案：

第二十二条　对公民提起的民事诉讼案件应该在被告住所所在管辖权范围下的人民法院进行。

第二十三条　如下所描述的民事案件的管辖权应为原告住所所在的人民法院。

第二十二条规定，在多数案件中，被告住所地的法院对纠纷有司法管辖权，然而第二十三条又列举了在一些特定条件下原告住所附近的法院拥有管辖权。提起上诉的法院和其他利益相关的专业读者需要知道纠纷双方的确切住址以便判断在审理本案的法院是否有管辖权。于是在上文中法官应该写出当事人的地址，分别是“某市某区某小区××楼××层××号”和“某市某区某街坊××号”。

并不是所有的诉讼参与方都应该在标题部分做详细介绍。企业法人或者组织法人通常会给出一些简要的标准化的信息，例如公司名、法人代表、地址。这种简要介绍是合理的，因为哪怕对于一个很小的公司而言，与之相关的重要的信息也是多得数不清，所以不可能把所有这些信息都列在有限的民事判决书文本中。而且这些多数信息也是和判决特定的纠纷毫不相干的。当需要法人的一些具体信息时，法官会从相关部门获得。法人通常在政府机构有注册。在中国，他们必须在当地的工商行政管理部门和其他一些专门机构注册，如卫生部门、公安部门、环保部门等。法官可以毫不费力地从这些政府机构中获得所需信息。总之，法官介绍诉讼参与各方时不是依照他们的司法偏好而是根据具体案子的情况和法律的要求进行的。介绍当事人的内容是有法律意义的，或是法律明确提出的要求，或是对裁判一个司法问题至关重要。忽略任何必要的内容都会使专业人士费解。

4.3.2　未聘请律师诉讼

当事人卷入一场官司时，他们理应首先寻求律师的帮助，为复杂的诉讼做好准备工作。但在中国的司法背景下却并不是如此。在上文中提及的原告没有请律师为其在法庭做辩护。这里原告似乎不相信律师而是选择相信他的儿子。像这样当事人倾向于选择自己的亲戚朋友在法庭中为其做辩护代理的现象在本研究中十分普遍。尽管语料中的所有原告和被告都指定了一个或几个代理人为其在法庭上做辩护，但其实许多人都是向非专业人士寻求帮助的。下面三份判决书的例文便很好地说明了他们是如何选委托代理人的：

（委托代理人为律师）

原告：张某某，男，某国国籍，19××年××月××日出生，某影视艺术有限公司导演，现住某市某区某小区××号楼××单元××号。

委托代理人：谢某，某律师事务所律师。

委托代理人：张某某，某律师事务所律师。

[某市第二中级人民法院审理张某某诉周某某及某报社名誉权纠纷案民事判决书，(2003）二中民初字第××××号]

（委托代理人为外行人）

原告：王某某，男，19××年××月××日出生，汉族，某电子集团退休职工，住某市某区某小区××楼××层××号。

委托代理人：王某（原告王某某之子），男，19××年××月××日出生，汉族，某大学医学部教师，住某市某区某大学医学部××号楼××单元××层××号。

（委托代理人既有律师也有外行人）

被告：某医院，住所：某市某区某街坊××号。

法定代表人：陈某某，任该医院院长。

委托代理人：邓某某，某律师事务所律师。

这三个文本都反映了中国民事诉讼的普遍现象——当事人基本不会请律师帮其处理复杂的诉讼问题，更多的是依赖非专业人士。例如在第二个文本中参与诉讼的王某某让他的儿子作为其委托代理人。他的儿子是北京大学的一位医学教师，他在医学领域的专业素质或许有助于他处理原告和被告之间的外科纠纷问题。然而在诉讼中，法律知识通常比某些和纠纷相关的特定领域的知识更重要。律师显然也比医生更擅于处理诉讼问题。

在第三个文本中，原告也指定了他的一个员工作为其委托代理人。这或许是因为他对参与其中的邓某某律师没有足够的信心，或许也是因为他更倾向于用自己的员工和律师沟通。在该研究涉及的案例中，当事人请和自己相关的人（亲戚、员工、朋友等）作为委托代理人的现象非常普遍，公司通常派员工，个人就通常选择亲朋好友。当一个案件不是在法院审理而变成一场家庭纠纷的时候，这种倾向也偶尔会走向极端。在如下两个邻居之间的纠纷中，原告起诉被告，诉称其经常制造噪音打扰了他的生活。

诉讼参与各方介绍如下：

原告：李某某，男，19××年××月××日生，汉族，某公司设计站职工，住某市某区某里××号高层××号。

委托代理人：李某（原告之女），19××年××月××日生，汉族……

委托代理人：罗某（原告亲属），男……

被告：乔某某，女，19××年××月××日生……

委托代理人：钟某（被告之子）……

［某市某区人民法院审理李某起诉乔某某、钟某相邻关系纠纷一案民事判决书，（2007）东民初字第××××号］

从这个文本可以看出当事人双方都让他们的儿子和亲戚作为委托代理人。这给人的感觉像是两家人在协商调解问题。纠纷双方偏好亲朋好友做代理人的现象表明了中国传统文化对现代司法实践造成的影响。中国人仍然相信法庭只是政府的一部分，他们觉得法官就是他们的父母官，法官会维护他们的权益。当要寻求帮助的时候，他们仍然觉得关系仍是很重要的因素之一。《北京青年报》在讨论到法官的社会地位和人们对法官的信任问题时如是说：

在国外打官司不请律师这是不可想象的，在国内这种情况却比较普遍。这八成多没请律师代理的案件包括不请律师和公民以个人身份代理两种情况。虽然近几年律师行业发展较快，但对普通百姓来说，仍然比较神秘。对于收费标准、服务质量等问题，老百姓仍然存在着不少疑虑。因此在打官司时，不少人认为请律师作用不大，或者不知道怎么请到最合适的律师。①

由此，可得出这样的结论：民事判决书中没有律师的出现并不是单纯的文本书写变体，它反映的是中国民事诉讼参加人在遇到诉讼案件时没有请律师的动力，也不知道如何请律师。中国的法律界人士在这方面仍有很大的提升空间。在中国，一个不争的事实就是律师没有获得应有的社会地位。正如 Sun（2009，p. 22）所指出的，中国大陆律师们普遍担心的问题

---

① 八成民事案件不请律师．北京青年报，2004－02－12.

不是在庭审时自己是否很雄辩，或是能说出和案件问题相关的多么高难度的、专业的法律见解，他们的问题是自己如何能获得尽量多的案件和客户。许多律师花大量的时间和精力去劝说公司、个人请自己做委托代理人或者法律顾问。

4.3.3 引言语步中的简要信息

引言部分通常是通过介绍当事人纠纷和简括整个审判过程。对当事人的介绍都是格式化话语，而且对庭审过程的概要比较概括。这个语步未能给专业、非专业读者提供足够的信息来了解诉讼过程，如“因侵犯其版权原告 X 起诉被告 Y”。这种格式化的句子法官只需要填入纠纷各方的姓名以及大致的纠纷事由即可。因为标题中介绍的当事人、纠纷（侵犯著作权）都只是对事实的粗略概括，这种句子只能表明和诉讼相关的简要信息。在整个民事判决书中，引言部分本应该能够让非专业读者简要了解庭审过程，法官要考虑判决书的可读性。可读性指的是判决书对于专业和非专业读者而言都应该能读得懂，要求判决书揭示和诉讼背景相关的足够的信息。分析表明，虽然引言这个语步通常以一种可读的方式概括了审判过程，但引言提供的信息较少。有人认为对某一特定案件的审理过程细节是记录在案卷档案里的，没有必要在每一起诉讼文档中都列出这些信息。这似乎也有道理，因为参与庭审的律师是能够获得这些档案信息的。但是，这没顾虑到其他读者，包括参与庭审的法律专业人士、非专业人士，甚至还包括上诉法院。

严格的法律法规管辖着特定案件的法官或者是合议庭成员提名，所以至少要表明一些基本的信息。依据《中华人民共和国民事诉讼法》(1991)：

第四十条 人民法院审理第一审民事案件，由审判员、陪审员共同组成合议庭或者由审判员组成合议庭。合议庭的成员人数，必须是单数。

第一百四十二条 基层人民法院和它派出的法庭审理事实清楚、权利义务关系明确、争议不大的简单的民事案件，适用本章规定。

第四十条规定了一审法院可以由审判员组成合议庭或者法官独任审判。第一百四十二条规定了什么情况下一审法院指定法官独任审判或者组成合议庭开庭审理。除了这两条法规外，还有其他相关的问题。例如，当事人有权质疑某个法官的任命是否合适，若法官在相关案件中有既得利益，法官也有义务退出这个案件。对这些相关法律的实施以及成立合议庭的过程并未对专业或非专业读者公布。对于在引言部分这些信息的缺失问题，一个专家如是评论道：

法官试图讲一个审判故事，但这故事又不严密，整个审判过程涵盖面广泛以至于无法在一个小段落中撰写出来，所以他们总是什么都说得非常简要模糊。如果有必要，他们应该把审判过程的每个重要细节都详细报告，而不是试图什么都泛泛而谈，面面俱到。

4.4 语步三和语步四：当事人诉求/辩护和法官判决

"当事人诉求/辩护"这个语步写的分别是原告和被告的诉辩和抗辩，其中包括"原告诉称"和"被告辩称"两个步骤。"法官判决"这个语步，主要写的是法官对事实和争议的认定。该部分研究这两个语步的目的、如何成文以及一些典型的修辞模式。同时还重点研究叙述和说理之间的话语交互以及可读性问题。

4.4.1 叙述或说理

"当事人诉求/辩护""法官判决"理应都具有说服力，因为前者表明了纠纷双方试图说服法官接受他们对事实的描述，后者体现的是法官试图通过分析和推理对事实进行认定。但研究显示两个语步都有很多不以说服为目的的叙述性话语。"当事人诉求/辩护"写的是原告和被告是如何站在各自的利益、立场上描述问题的，这个语步可以看成纠纷双方唇枪舌剑的战场。他们的话语应该要尽可能地有说服力，因为这部分的目的就是说服法官接受他们各自的诉辩。然而从语料库来看，60%的民事判决书中，这个语步没有介绍任何支撑当事人诉辩的证据；相反，这个部分呈现的是当事人已经给出的论据，并不以说服为目的，而是为了陈述。为了研究这个语步是如何构建的，研究者将这个语步和当事人向法庭提交的原始文件（原告起诉状和被告辩护书）进行了比较，研究当事人书写的原始诉辩和法官在这个语步中解读并重新撰写的内容有何异同。

尽管从"当事人诉求/辩护"这个标题中很明显地看出该语步是关于当事人纠纷内容的，但这个部分不包含原告和被告原始的诉辩；相反，这里撰写的是法官对原始起诉状及辩护词的理解。如题"当事人诉求/辩护"

所示，这个语步理应忠实地再现他们的观点来维护当事人双方的利益，然而在实践中，法官常常根据自己对争议的理解来适当修改双方的诉求/辩护。现举以下例子来详细说明这个再成文的过程。在该案件中，原告（某作家）起诉被告（中国最大商业网站之一），并诉称被告未经其授权许可就转载了他的文章：

原告诉称：2006年某公司未经许可转载了我在个人博客上写的文章，我诉至法院要求某公司承担侵犯著作权的责任。诉讼中，某公司和我于2006年5月12日签订《和解协议》，约定某公司赔偿我经济损失5万元。至今某公司尚未履行《和解协议》约定的付款义务，故我诉请法院判令某公司按照《和解协议》的约定向我支付5万元。[某市某区人民法院审理诉某互联网信息服务有限公司其他合同纠纷案民事判决书，（2007）海民初字第××××号]

例文表明了该语步如何简要介绍原告起诉的理由。但该段文字并不体现说服目的。除了有两个很明显的标记性表达（“诉称”和“诉请”）之外，并无其他以说服为目的的词语。例如，文中并无证据或详细的解释支持原告的上诉，也没有详细介绍原告遭受的损失，而此文把笔墨更多地用在被告“做”了什么（Halliday，1989），如“某公司抄袭了”“我起诉”“某公司和我签署了协议”“赔偿我”等，这些表达是一种叙述而不是说理性手段。

再者，从上下文中不准确的用词表达还可以看出一些没有必要的说理。例如，表达不具体就意味着上文中说的“我在个人博客上写的文章”并不知为哪一篇。类似地，读者并不知晓某公司是如何“抄袭”的，《和解协议》的主要内容是什么以及要求索赔的“5万元”包括什么。而原告如果有很强的动机要说服法官，他仅仅用这些模糊的话语来表达他的诉求是不合理的。为了便于对照法官如何转述原告的论据信息以确保原告诉求权利，现对比原告原始起诉状如下：

诉讼请求：

第一，请求法院判令被告立即停止侵权行为……

第二，请求法院判令被告赔偿原告经济损失100 000元；

第三，请求法院判令被告赔偿原告为本案支出的合理费用2 000元；

第四，请求法院判令被告承担本案的全部诉讼费用。

事实和理由：

……原告也已有明确声明："如有任何转载引用请预先协商并获取授权。"2005年8月9日，原告在某网站发表的一文，由被告在未与原告协商获得授权，未注明出处，也未向原告支付任何报酬的情况下，于2005年8月9日在其网站刊登……原告认为，原告作为上述博客文章的作者，其著作权受法律保护。被告……应尊重作者的合法著作权益，却未与原告协商获得授权多次非法刊登原告文章，非法获利巨大，依法应承担著作权侵权的法律责任。故原告特诉至人民法院，请求人民法院依法判允所请……（某某诉某公司侵犯博客著作权起诉书）

可以看出，原告原始的起诉文件很明确地使用了说理性表达，如"诉讼请求""事实和理由""原告诉称"。文章还表明了原告的诉求既有赔偿钱的方面，也有其他方面。这个原始诉讼请求文字丰满，但被判决书"当事人诉求/辩护"这个语步简单的句子（"由于某公司侵权，我要求起诉某公司"）取而代之，原告原始文件中"事实和理由"这个部分详细讲解了原告和被告之间争议的发展过程。叙述性的话语包括时间（2005年8月9日）、地点（原告博客以及被告网页）、主题（被告转载了原告有版权的材料）以及"双方的调和"（"数次""之前没有协商、授权，未赔偿原告"）。相应地，法官的遣词造句却简化成了"某公司未经允许抄袭了我私人博客里的文章"。原告的原始文件还提供了多方面的论据来支持他的索赔要求。例如"被告应尊重作者的著作权，被告多次非法转载原告的文章"，"非法获利巨大"。然而，法官的再述过程中忽略了这些信息。

法官在转述被告原始辩护词中也出现了类似的删减情况。由此可知，法官在写"被告辩称"这个步骤中并不以忠实再现双方的论点为目的，而只是简要概括双方的争论点，忽略了原文中的协商缓和语气，只是把具有陈述性意义的命题再述出来而已。结果导致当事人的原始诉辩就变成了简要的叙述，而双方非常有说服力的内容就无法得以传达。这些简要叙述话语或许放在判决书的其他部分更为恰当，但在这个语步中却影响了当事人据理力争的机会（Zhao & Sharma，2003）。总之，尽管法官在书写民事判决书时只需要考虑事实，而不是当事人的一己之见，但忽视比较多的信息也是有问题的。有选择地补充省略掉的信息来充实判决书的内容会让法官的意见更有说服力，这对尊重当事人在审判过程中的权利也非常重要。对于民事判决书及其他法律语篇中说理不足的问题，中华人民共和国最高人民法院最近启动了一个五年改革方案，目的是提高中国诉讼体裁的说理质量。最高人民法院提出了三大需要改进的领域，即“法官的法律分析”“法官对证据的调查”以及“法官试图记录诉讼过程中的诉求和辩护，公开法官在判决书中的理据”。①

4.4.2 当事人诉求/辩护和法官判决之间的一致性

本小节简要介绍当事人诉求/辩护和法官判决之间的一致性。诉讼各方的敌对本质属性使得原告、被告、法官之间的诉辩关系紧张。他们对事实、法律的争辩并不总是一致的。然而该研究发现，在“原告诉称”（“当事人诉求/辩护”语步的第一部分）和“法官判决”在事实的描述上几乎都一致。“原告诉称”写的是原告对争议的理解以及原告的诉讼要求，而“法官判决”写的是法官所确认的事实，所以若法官在判决书的任何部分都体现出和原告一致的观点是不合理的。就像受访的一些行业人士所说，法官既和原告在一些争议上达成相同的意见，又和被告在一些方面意见一致，这样才比较符合常理。而这两个语步上法官和原告协调一致似乎暗示了法官其他的顾虑。在同一份判决书中，“当事人诉求/辩护”部分和“法官判决”部分的内容相当统一，而且本应具有诉讼对抗性的两方之间密切的照应关系实则超乎想象。这样密切统一的关系表明了当事人的诉辩被法官转述之后失去了如语步标题“当事人诉求/辩护”所示那样要保证当事人诉辩权利的意味。因为法律并不明确规定法官要在双方诉辩中介绍认定的事实，这只是法官的惯例做法而已。法官是否坚持这个惯例能体现出他们对机构化法律修辞要求的熟悉程度。②

4.4.3 证据选用

4.4.3.1 证据和当事人诉求/辩护之间松散的联系

法律上，由于接受某个特定诉辩或事实描述都要基于对证据的确定，故证据在民事判决书中是很重要的组成部分，该部分主要研究诉讼相关各

---

① 加快裁判文书的改革步伐，提高裁判文书的质量。改革的重点是加强对质证中有争议证据的分析、认证，增强判决的说理性；通过裁判文书，不仅记录裁判过程，而且公开裁判理由，使裁判文书成为向社会公众展示司法公正形象的载体，进行法制教育的生动教材。（《人民法院五年改革纲要（1999—2003）》，中华人民共和国最高人民法院）

② 事实上，一位法官称他在书写“当事人诉求/辩称”这个语步时常直接引用当事人原始诉求。然而，这种做法受到随后访谈的专家学者的质疑，他们一致认为这种做法需要进一步改进。

方，即原告、被告、法官是如何在判决书中利用证据来支撑各自的观点的。正如之前分析所提到的，《人民法院五年改革纲要（1999—2003）》指出了法官判决书中需要改进的三个方面（法官合法性分析、法官对证据的调查以及法官的说理过程），目的是提高民事判决书和其他诉讼文件的质量，记录下诉讼的全过程以及让法官在判决书中的说理公之于众。在本研究涉及的判决书中，只有3份判决书忽略了对证据的探讨。剩余的97份都讨论了各种各样的证据问题，例如当事人提供的证据、法院对证据的调查以及法院收集到的证据。法官对证据问题的探讨，至少表明他们试图将说服话语和辩论话语写进判决书的某些部分当中，即使目前看，这样的信息还有些不够充分，有些证据论述说服力还强差人意。

民事判决书中的证据通常被单独列出，而不是融入法官的说理过程中。证据单独罗列，通常被写在原告诉称和被告辩称的末尾部分，意图为这两个步骤的论据提供有力、全面的支撑，比如：

原告为证明其诉求合理，向本法院共提交23项证据，包括“海运提单”“货物检验报告”“原始产品证书”“购买合同”“发票”“代理合同”等文件。

原告给法院提供了28项证据，而被告只向法院提供了3项证据，且没做出必要的解释。

法官不会特别整理出哪个具体的证据对应哪个具体的诉求或辩护，而是由专业或非专业读者自己判断。这种单独罗列证据的做法没有问题，海事纠纷中可能会罗列出详尽的证据，例如“海运提单”“货物检验报告”“原始产品证书”“购买合同”“发票”“代理合同”以及“三份传真”等，但罗列的意思并不明确，证据列举也不知道是否详尽。读者并不知道这些证据是依据什么标准罗列出来的。而且用来支撑说理的证据也非常笼统，读者甚至可能会怀疑法官是否愿意公开和当事人诉辩相关的证据分析情况。例如，第一个例子是摘自和原告、被告买卖金属硅相关的国际贸易案子。原告起诉声称是由于被告的失误才将货物退送回来的，故“购买合同”“发票”是和证明运费发生相关的证据。但在其他证据细节方面，如“海运提单”“物品检验报告”“货物原始证书”等还需要进一步解释才能说明它们之间的直接关系，或至少要证明证据和特定诉辩之间有关联。

第二个例文就更不精确，“原告给法院提供了28项证据，而被告只向法院提供了3项证据，且没做出必要的解释”。尽管律师或其他专家知道可以从法院的存档文件中获得详细的信息，但这样的话语出现在民事判决书中信息是不够充分的。这些话语只能证明当事人确定给法院提供了一些证据，但除非这些证据被法院予以确认，否则也毫不相干。如果特定证据的调查和认可未在判决书里提及，那么上诉文本中粗略的介绍证据就无意义了。将证据和特定的诉辩分开来写，使得专业或非专业读者无法看出他们之间的关系。法官在这部分做简要介绍的只不过是对双方证据的罗列，而没有在意双方的诉辩意图。可以说法官这样罗列介绍证据对当事人诉求或辩护是帮助不大的，只是作为写作的惯例出现（张琪，1999，p. 26）。但由于法律未明确规定，所以法官实践中又不愿意删掉这部分。类似介绍证据的方法在“法官判决”这个语步中还会出现，详见下一小节。

4.4.3.2 证据和“法官判决”语步之间松散的联系

在“法官判决”这部分，对认定事实涉及的证据讨论也需要进一步充实。法官在这个语步的书写用语多为陈述，较少说理成分，因为他们把证据写为一方面的内容，而将调查确认的事实又写在另一方面。证据和事实之间并没有紧密地联系在一起。正如本研究所示，法官主要为了支撑在审判过程中认定的事实而罗列调查到的证据。法官有时在认定事实之前罗列这些调查过的证据，而另一些法官写在认定事实之后。在两种情况下，证据和事实都被分开了，从法官的写作目的出发很难确定他基于何种目的将这么多证据密集地罗列出来，这些证据和事实的关系也不好认定。这种罗列事实的方法没有太多的说理成分，这样就比较难说服败诉方接受这些事实的合法性。法官这样呈现证据读起来更像是整理工作的结果展示而不是用证据支撑事实。于是，这样呈现出来的事实也被认为是强加的证据，没有商讨的余地。

然而，哪怕这些证据和事实的联系不密切，对证据调查本身都显示了一些法官试图通过介绍证据来指出更多和诉讼过程相关的信息。研究案例中40%的民事判决书提供了一部分有关双方证据的分析，这是民事判决书近年来的一种新的写作趋势，而且也可以看作对最高人民法院提出的“提高法官法律分析和法官对证据调查能力”［《人民法院五年改革纲要(1999—2003)》］这一改革目标的回应。在以下例子中，被告（借款方）从原告（银行）贷了9笔款，但无法如期偿还。下文是法院对双方证据的讨论：

本院经对当事人提交的证据进行质证、认证，认定为有效证据并予以采纳的证据及理由为：①原告提供的在债务人位置签有“李某某”名字的5份债务逾期催收通知书。因为该5份通知书均有“李某某”的名字，被告否认签名行为，辩称系原告伪造，但在举证期限内未申请本院对签名字迹进行鉴定，即没有提供不是李某某亲笔签名的任何证据，故应视为5份催收通知书上的“李某某”名字均系李某某亲笔签名。②……

认定为无效证据，不予采纳的证据及理由为：①原告提供的赵某某的证明一份，因为……证人赵某某没有出庭，并未经人民法院许可，且被告对该证言的真实性提出质疑，故该证据的客观真实性不能认定。②原告提供的李某某贷款的13笔清单……。③……

根据以上采纳的证据，本院查明的事实为……。[某省某县人民法院审理某银行诉李某某借款合同纠纷民事判决书，（2003）泌民二初字第××××号]

该文展现了双方证据是如何被查明的，将证据归类成可接受证据和否决证据这两类。某些特定的证据为何被认可或采纳，文中也做了具体的解释，例如“5份债务逾期催收通知”这个证据是予以认可的，因为被告亲笔签了名。“赵某某的证词”被否定，因为证人并未依法出庭。这类对证据的分析能让专业或非专业读者清楚地看到法官在诉讼中的推理过程。这样就使得诉讼程序更加公开了。因为诉讼程序的汇报如果是一目了然且毫不含糊的，那么这个体裁就越是透明。法院的推理更加透明会有助于抑制诉讼中法官渎职、失职的可能性，因为包括律师、法官、法律业内人士等在内的专业人士都可以看到采纳或否定某些特定的证据是否合法。在上文中，某些句子的不准确之处给法官书写的权威性带来负面的影响。对于一个有明确证据的报告书写而言，例如“5份债务逾期催收通知”这个短语太过笼统了，其产生的疑点要阐明清楚，如：这些通知是一次性签发的还是连续几天签发的？每份通知之间的间隔多长？而这些通知签发的确切日期是哪天？

这些问题在上述证据审查过程中都未提及，而当它们被法官在同一份判决书中再次讨论时就更不确切了。

2003年6月20日，原告提供了被告李某某贷款的13笔清单，并将签有“李某某”名字的5份债务逾期催收通知书发给李某某。

这个对证据进一步的详述使得原来不确切的表达更加模糊了。原来的表述变成了“被告在2003年6月20日收到5份紧急催收通知”。根据字面意思来看，5份通知是在同一天签发的，但这似乎不可能，因为银行很少就同一个问题在同一天给负债人签发5份通知。合理的情况应该是从2003年6月20日那天起，银行签发了5份通知，但最后一份通知具体是哪天发的并不知道。签发的具体日期和法院审理的日期之间的间隔是决定被告恶意拒还债款程度的重要因素之一。这样模糊的表达表明了法官对证据的调查在透明度和精确度上还有很大的提升空间。

总之，证据和鉴定事实之间充分的联系对法官在特定案件中得出令人信服的判决结果至关重要。被法官查明认定的事实是用来解决双方对事实的争议的，因为双方总是拿出支持他们自己对事实理解的证据，所以他们也希望法官对事实的认定是基于充分证据之上的。当证据和认定的事实有充分的关联性时，当事人才能接受法官对某些事实认可或否定的理由。这也才能说服专业和非专业读者认定的事实、诉讼过程背景的合法性。

4.4.3.3 证据和“法官判决”语步之间密切的联系

尽管多数民事判决书中的事实和证据之间联系并不密切，但是也有一些是事实和证据之间密切相关的（语料库中有13份）。在这13份判决书中，法官都力图达到中华人民共和国最高人民法院司法改革的目标。这些法官把事实分成不同的类别，仔细讨论，给专业或非专业读者提供了更多和法官的推理过程相关的细节，而且也提高了这类体裁的可读性和诉讼背景的透明性。[①] 在如下的例子中，原告（新某公司）由于被告（某某娱乐公司）非法使用了原告的音乐来牟利而起诉了被告，而如下的文本描述了法官认定的事实：

2001年，新某公司制作发行了某VCD光盘，其中包括……该光盘封套背页标注有“（C）2001 Sony Music Entertainment（Hong Kong）Ltd.”，即新某公司版权标记。2004年5月24日，国际唱片业协会亚洲区办事处出具证明文件，证明某音乐录影作品（MTV）是由新某公司向其提供，并作版权登记之用。

2003年12月12日，国际唱片业协会北京代表处委托代理人刘某来到某

① 本研究中的透明性研究的是法官在民事判决书书写过程中，在多大限度上揭示了和诉讼背景相关的充足信息。

某娱乐公司经营的某歌城410号房间，对黎某演唱的八首歌曲进行点播，并对歌曲的播放过程进行了摄像，并刻录光盘两份。……某市公证处对上述取证过程进行了公证…… [某省某市中级人民法院审理新某公司与被告某某娱乐公司著作权侵权纠纷案民事判决书，(2004) 苏中民三初字第××××号]

该段话描述了法官对两个具体事实的确定：“新某公司制作了音乐录影制品 MTV”，“而且该公司将原告演唱的音乐刻录成了两张碟”。每个认定的事实都随之附上了证据：“国际唱片业协会亚洲区办事处出具证明文件”，“某市公证处对上述取证过程进行了公证”。这个事实和证据就让法官无法随意推测，因为法官的合理推测必须建立在拥有充分证据和具体事实依据基础之上。

第二个例子是关于原告姚某某和被告某出版社之间的。双方签订了一份图书出版合同，该合同授予被告出版原告一本书的权利。在第一次印刷之后，被告再版印刷并出售了该书，但未支付原告稿费，法院认定的事实如下：

1998年10月13日，姚某某与某出版社签订图书出版合同一份，合同的主要内容是：姚某某授予某出版社在合同有效期内，在全国地区以图书形式出版《××》中文版的专有使用权……上述事实有姚某某提交的证据一和某出版社提交的证据一在案佐证。[某市某区人民法院审理姚某某诉某出版社出版合同纠纷一案民事判决书，(2004) 海民初字第××××号]

该段话表明了“姚某某和某出版社签订图书出版合同一份”这样的一个事实，而这个事实又是由“姚某某提供的证据一”和“某出版社提供的证据一”在案佐证。这两条证据都有可靠的来源。可靠的证据来源又使得法官能将判决书写得非常详细，通过提供法官详细的推理过程的信息就能避免判决书有多种可能性的解读。

研究对比发现，事实和证据之间联系的判决书通常是由来自同一个法院——北京市海淀区人民法院的法官书写的。通过对上下文的研究发现，该法院的法官书写民事判决书的手法非常具有说理成分，而其他多数法官却不愿意在传统的民事判决书叙述风格上增加一些具有说理成分的论证式写法。中国的司法文化趋向稳定，司法改革的步伐也相对谨慎。这种谨慎的原因是在有十几亿人口的中国，任何过快的社会或经济变革都会产生不安定因素。进行改革，理性的策略就是首先在试点谨慎且有选择性地施行。一旦成功，才将改革范围扩大。尽管没有任何官方文件表明海淀区人民法院是中国司法改革的一个试点，但从一些相关文件中也能看到该法院和其他试点法院相比有着特别的地位。

为了说明海淀区人民法院在中国司法系统中的重要地位，一位法律专家提供的两则新闻引起了研究者的注意。这两则新闻分别摘自中国最有影响力的报纸——《人民日报》，以及由最高人民法院主办的《人民法院报》：

中共中央政治局委员、书记处书记、中央政法委书记罗干……对海淀区人民法院荣获“全国优秀法院”称号并荣立集体一等功表示祝贺。他说，海淀法院是一个好典型……海淀法院在提高政治素质的同时，很注意提高自己的业务素质，法官们把法律知识和科技知识结合起来，很好地审结了一大批案件，得到了人民群众的赞赏。①

作为全国 3 000 多个基层法院的优秀代表，海淀法院以司法公正为根本目标，建立了一流队伍，创造了一流业绩，赢得了党和人民的信任，在人民群众中树立了人民法院和人民法官的良好形象。②

以上两则新闻反映了由中央以及最高人民法院制定的政策。第一则新闻报道的是当时最高政法领导人罗干对海淀法院工作的肯定，这本身是一个有力的支持。罗干对海淀区人民法院表示认可，认为它是优秀的法院，表明了这个法院在司法改革进程中应该担当更大的任务和责任。相类似，第二则新闻代表了最高人民法院对海淀区人民法院特殊地位的认可。从这两则新闻可以看出，海淀区人民法院的民事判决书在诉辩上和其他法院的民事判决书不同。在司法改革的大背景下，在最高人民法院的支持下，法官有义务提升民事判决书的说理成分，提升民事审判的裁决质量。

---

① 罗干接见海淀区法院代表时强调公正执法是政法工作的永恒主题，海淀法院先进事迹报告会在京举行．人民日报，1998－12－05.

② “科技高地”上的公正天平．人民法院报，2008－01－31.

4.5 语步五:“本院认为”

“本院认为”这个重要的语步清楚地汇报了法律争议。首先,该部分概述了法官对事实的专业分析而且法官的法律分析重点是当事人的争议。其次,法官可以在该语步中一步一步呈现具体的问题,这样提高了该语步的可读性,让读者更好地理解法官的论述和看法。本小节将研究法官是如何在“本院认为”这个语步中汇报法律争议问题的。在这个语步中,法官需要展现出他们对法律知识的精准掌控、法律推理的能力以及书写说理充分的判决的能力。法官需要胜任的具体任务包括对案件争议的汇报以及对法律的解释和适用。

正如在语料中发现,案件争议问题通常通过三种方式来处理。首先,语料库中有80%的民事判决书都没有介绍案件问题。“本院认为”这个语步读起来就像是一段描写法官对某个问题的看法或者是对某个法律的运用。这样的书写方式让非专业读者较难理解法官的专业见解究竟是针对何种争议做出的。其次,18%的民事判决书在这个语步的开头就呈现了问题。最后,2%的民事判决书将案件问题和法官的意见结合在了一起,分点呈现了和争议问题相关的法官意见。如下的分析就用几个例文来探讨这三种处理方式,而且将重点关注它们各自的优点、不足以及法官在使用这些处理方式时的具体考量。

4.5.1 案件问题的省略

收集的判决书中80%的民事判决书不包括“双方争议焦点”这些表述。在总结了当事人诉辩要点(“当事人诉求/辩护”)以及法官对事实的认定(“法官判定”)之后,法官立即将笔锋转向了他们的法律见解(“本院认为”),这个部分的开始是由例如“本院认为”或其他类似的表达作为转向标志的。如下的例子是关于某著名男星和一位不知名的女演员之间关于名誉诽谤的案子。该女演员是第一被告,一家报纸是第二被告。该女演员向该报纸透露消息称该男星曾企图向她提出性交易,该报纸随即报道了此条娱乐新闻。但该著名男星向法院起诉声称他没有进行所谓的性交易,被告严重损害了他的名誉。下文是在最后判决书中的“本院认为”部分:

本院认为:根据民法通则的规定,公民享有的名誉权受法律保护,禁止用侮辱、诽谤等方式损害公民的名誉；涉外民事关系中侵权行为的损害赔偿，适用侵权行为地法律，故本案外国人张某某名誉侵权诉讼，适用《中华人民共和国民法通则》。张某某指认周某某在2003年6月29日、7月4日某商报涉案文章中的说法侵害其名誉权，周某某辩称其从未说过“以性做交易”的话。根据当日及事后其他新闻媒体的相关报道，周某某在举行其小说的签售活动时所谈到的她去北京邀请一个影视大腕来蓉担当签售的嘉宾一事与涉案文章所用的标题、行文的词语意思相当，内容相近。现周某某并无证据证明其在涉案文章中的说法是真实的，而此说法直接影响到张某某的社会评价，在此情形下，周某某的行为构成对张某某名誉权的侵害，理应承担侵权的民事责任，其辩解本院不予采信。某报社对周某某举行小说签售活动时“性交易事件”的报道，来源于周某某的叙述，反映的内容基本真实，在没有对方姓名的情况下也无核实的义务；对周某某主动约见记者，公开当众明确指出其邀请来蓉担当签售嘉宾的影视大腕就是张某某的报道，反映的内容亦基本真实，没有夸张、歪曲事实，故均不构成对张某某名誉权的侵害。[某市第二中级人民法院审理张某某诉周某某及某报社名誉权纠纷案民事判决书，(2003) 二中民初字第××××号]

这段话的大致意思是说周某某通过蓄意向某商报透露虚假信息来引起公众注意，而这些虚假信息损坏了原告的声誉。这段“本院认为”的文字没有具体描述案件争议问题，使得专业或非专业读者读起来都相当困难。为了证实阅读如上文段落确有困难，研究者将该段话呈现给几个非专业读者（五名传播专业的博士生和两名应用社会科学专业的博士生），以获取他们阅读后的反馈信息［参阅 Swales（2004，p. 71）对文本可读性的衡量标准］。这些非专业读者一开始都不愿意尝试阅读这个语段，因为他们一开始就被专业的阅读内容和不易于阅读的文字给吓住了。再三要求之下，其中的五位进行试读，其中一位这样汇报自己阅读后的看法：

这是关于明星丑闻的案子，著名演员张某某被该女星利用来提升自己的知名度。该女星应对她过失的行为负责，而报社是无罪的。

这个反馈信息以及其他类似的感受似乎表明非专业读者对以上“本院认为”部分的理解是常识性的。他们的理解都有一个共同的特点：他们都忽略了法官对法律的探讨。在随后的印证中，这些被试者说他们无法区分对法律的探讨和对事实的探讨，因为这一语段里没有任何明显的指示语。如果法官能把这些探讨分点介绍，这样造成的阅读困难就可以避免。如上所举的“本院认为”这个部分的例子都非常难读懂，因为法官把几个问题浓缩在一个简单的段落中，而书写方式又不利于读者阅读。或许是法官根本没意识到他们这样的书写给专业或非专业读者带来了阅读困难，或许也是因为法官对审理的案件的理解与分析不够清晰，以至于无法逐点详述。这两种可能都严重影响了民事判决书作为一种法律体裁的可读性和权威性。

4.5.2 案件问题的探讨

语料库中20%的民事判决书对“本院认为”这个语步的书写非常清晰且易于读者阅读，具体的案件问题都在这个语步的开头列出或用小标题详细地阐明。和其他传统的、不易于阅读的、不透明的民事判决书相比，这20%的民事判决书提供了更多和法官事实分析、法律解读相关的信息，如法官对法律条文的选取、解释和应用。书写这些判决书的法官都有明确的目的，即将分析事实的结果，以及对法律应用的成果呈现给读者，而这也可以解读成中国法官致力于实践最高人民法院的司法改革目标。在这个语步的开头介绍具体的案件问题使得法官的推理过程更加易于专业或非专业读者的理解。这个语步主要是法院的意见，所以读者首先要知道的就是法官对什么案件问题发表其法律观点。在诉讼过程中，双方必定存在有争议性的问题，否则他们就不会将对方告上法庭了。本研究发现法官或许对双方争议的问题十分了解，或许他们对特定案件问题的法律见解非常自信，他们将争议问题清楚易读地呈现出来。

在如下的例子中，原告（新某公司）起诉被告（某娱乐公司）非法使用了原告的一部MTV作品。在判决书“本院认为”这个语步中，法官讨论了双方有争议的三个问题：

本案争议焦点是：
一、涉案的MTV作品的性质及著作权归属问题；
二、关于某某娱乐公司是否有权使用涉案MTV作品的问题；
三、某某娱乐公司是否侵权及承担责任的问题。

根据已查明的事实和证据，本院认为：

一、关于涉案的MTV作品的性质及著作权归属问题。

本院认为……涉案的 MTV 是以确定的声乐、器乐作品作为承载主体，依据音乐体裁不同的特性和情境氛围进行视觉创意设计，形成音、画合一的视听结构……属著作权法规定的以类似摄制电影的方法创作的作品，依法应受我国著作权法保护。……故对新某公司享有涉案三首 MTV 作品的著作权应依法予以认定。

二、关于某娱乐公司是否有权使用涉案 MTV 作品的问题。

本院认为……某娱乐公司认为其已自音著协获得合法使用权的抗辩理由不能成立。

三、关于某娱乐公司是否侵权及承担责任的问题。

本院认为……某娱乐公司……侵犯了新某公司对其作品享有的放映权及获得报酬权的财产权利，某娱乐公司依法应承担停止侵害、赔偿损失的民事责任…… [某省某市中级人民法院审理新某公司与被告某娱乐公司著作权侵权纠纷案民事判决书，(2004) 苏中民三初字第××××号]

文中法官在给出和案件问题相关的法律意见之前详细地阐明了几个具体问题。这三个问题再加上明确的语篇标记如“根据已查明的事实和证据”“本院认为”等使得文本有一个清晰的内部结构。为了看懂法院的意见，非专业读者就不必了解案件争议的每一个细节，因为在每个小标题下的开头部分和结尾部分都明确地指出了问题和法官的意见各是什么。

民事判决书中，对具体问题的介绍有时并不包括在“本院认为”这个语步内，而是在“当事人诉求/辩护”这个语步，一些法官认为这里比较适宜强调双方当事人的争议性问题。而这样的写作方法既不是法律要求也不是专业规约，只是反映出法官在处理民事判决书案件问题上的主观能动性。尽管在“本院认为”这个语步介绍争议问题也不是法律要求的，但因为这样更易于读者阅读，当他们读到法院意见的时候不需要翻阅前几页去回顾某个问题，这样或许会成为专业惯例的做法。读者可以清楚地看到被探讨的具体问题以及法官对这些问题提出的意见。在语步中把这些问题清晰地列点详述时，也更加容易看出具体问题和法院意见之间的联系，因为他们在文本关系上十分密切。即使这些问题不是被分成小点具体探讨而是被分成几个段落，也不影响阅读。法官用这样的小段落有两个实践上的意义。首先，他们不希望太过于偏离传统省略问题陈述的习惯。其次，他们相信没必要把问题孤立出来，把它们和意见相结合会更有说服力。这里的书写虽然会依照《人民法院五年改革纲要（1999—2003）》提出的法官应提高民事判决书书写质量的要求，但他们自己也有对特定修辞结构的选择偏好。这些解读都十分有意义，由于法官都积极采取语言策略来提高民事判决书的质量，所以书写民事书时新的专业惯例也在逐渐形成。

4.6 语步六：法院判决

“法院判决”这个语步尽管是民事判决书里最短的但也是最重要的。“法院判决”是法官对当事人纠纷给出的最后法律强制执行的决定。法官通过这个语步裁决当事人的权利和义务。尽管该语步放在民事判决书的最后，作为非专业读者的当事人总是特别关注这个语步并首先阅读。本小节从三个角度分析这个语步：文本特征、内部修辞结构以及一些用语含糊的问题。这个语步的重要性要求法官的书写具有高度的可读性，同时也鼓励法官要尽量使其标准化。本语步的文本主要采取短句和列点说明的方法，对非专业读者而言，列点说明也使得文本更具可读性。从与法官的访谈中也发现对判决内容分点详项是常见的手段，不这么做反而显得不专业。

如下的文本也可以如此解读。下文是一个人身损害案件，原告魏某和刘某在被告北京某宾馆里受伤了。魏某和刘某申请赔偿得到了法院准许：

据此，依照《中华人民共和国民法通则》第一百三十四条第七项、《最高人民法院关于审理人身损害赔偿案件适用法律若干问题的解释》第六条第二款的规定，判决如下：

自本判决生效之日起七日内，北京某宾馆有限责任公司赔偿魏某、刘某六万元（含已付五千元）。

案件受理费六千八百七十元由魏某、刘某负担四千五百六十元（已交纳）；由北京某宾馆有限责任公司负担二千三百一十元，自本判决生效后七日内交纳。

如不服本判决，可在判决书送达之日起十五日内，向本院递交上诉状，并按对方当事人的人数提出副本，上诉至北京市第一中级人民法院。[某市某区人民法院审理魏某、刘某与北京某宾馆有限责任公司人身损害赔偿纠纷一案民事判决书，(2005) 宣民初字第××××号]

如果金钱给付判决只有一条的话就没有必要分点列项了。该文本只包括了一个金钱给付判决：在该判决生效的七日之内，北京某宾馆应该赔偿魏某和刘某共60 000元人民币（包括已付的5 000元），而其他决定都是关于程序性问题的，如“诉讼费用”以及“上诉状”。

基于对该语步内容的理解，标准“法院判决”的内部结构如下：

“法院判决”内部结构及标志性句子对应表

判决如下	标志性句子
法院驳回原告诉讼请求	对程序性问题的判决
本案受理费1万元由原告负担	对金钱给付判决
如不服本判决，原、被告可向本院提交上诉	对上诉权利的声明

“法院判决”这个语步包含了一个明显标志的句子和三个内部环节：对金钱给付判决、对程序性问题的判决和对上诉权利的声明。这三个环节缺一不可，所有的三个组成部分都以固定的顺序出现。而且每个步骤的成文也是标准化的，例如，法官会使用一些典型的格式化话语：“本院依照……判决如下……”

尽管格式化写法使得民事判决书中该语步的条理更清晰，但有时候也会影响这个体裁的透明度，例如法官对法律的援引。援引法律条文过程中的模糊性会使得这个语步变得说理性不强。法官通常会在这个语步中引用特定的法律条文来支撑判决。在援引法律的时候，有一些常规的表达策略，例如：“依照《中华人民共和国海事法》第42（1）1—3、55、71、72条的规定，依照《中华人民共和国民事诉讼法》第46（1）、47（1）条等。”这些表达表明了文本之间的互文关系是通过直接引用或者解释法律条文实现的。然而这些格式化的表达是法官根据法律事实而做出的决定，既没有完整援引法律条文也没有给出援引必要的解释。专业读者或非专业读者都无法理解这些格式化的表达具体指什么。若要查明这些相关法律条文的具体内容，则又会无形中给这些读者增加负担。这种对法律的援引揭示出诉讼过程中信息的部分缺失和不足。对“法院判决”和其他先前的一些语步的分析表明了书写民事判决书需要对法律和修辞规则、惯例有很好的掌握。这些规则和惯例表明民事判决书作为严格的诉讼体裁，代表了法院法官集体的意见，而不是法官个人的心声。中国司法文化的特征之一就是民事判决书或其他司法体裁，更多的是当作集体和组织的声音被重视和得到肯定，而法官个体的意见通常不被提及。

4.7 总 结

上述分析表明民事判决书是一种高度结构化、格式化的法律体裁，语料库中的所有判决书都显示出大体一致的语步特征。法官对这些语步的编排程序是相同的，一些语步（“标题”“引言”“法官判决”）要比其他语步（“当事人诉求/辩护”“法官判决”“本院认为”）更加格式化。然而，虽然如此，这些语步中表明的信息以及表达的方式等大多数都是非常格式化的。法官需要遵循这些格式化的规则、规约来书写和案件相关的特定信息。在没那么格式化的语步中（“当事人诉求/辩护”“法官判决”“本院认为”），法官有更多的自由空间发挥个体化的专业知识和技能。为了认定事实、分析问题、形成法律见解，法官需要参阅一系列信息，例如起诉状、辩护状、庭审记录等。法官在这些语步中通常写的是叙述性文本而不是说理性话语。例如，当法官在“原告诉称”和“法官判定”这两个语步中介绍法律事实时，他们偏向于只报告对事实认定的结果，而忽略对事实认定的过程，于是导致专业或者非专业读者很难知道这些认定事实的合法性。根据顾培东（2000）和张琪（1999）的观点，这种叙述性的文本更具有可读性但不具有可利用性，因为以这种方式书写的案件信息像是事先给定的而不是通过说理得出的。

尽管法官按惯例做法将判决书写成叙述性文本而不是说理性文本，但一些特定情形鼓励法官将判决书写得既有可利用性又更具说理性。本研究发现，最高人民法院认识到中国的诉讼实践发展相对滞后于中国快速的经济发展，于是，最高人民法院启动了一场全国性的司法改革，旨在严格提升诉讼过程的质量以及法官书写法律文书的专业水平。一些法院，例如北京海淀区人民法院就被选作试点而且引领改革。来自这些法院的法官既有动力也有责任，他们希望将民事判决书写得更具可读性和更具说理性。

5 民事判决书的词汇语法特征

5.1 简　介

本章将分析民事判决书中典型的词汇语法特征，特别是关于表示时间、金钱的表述以及元话语的使用。首先，仔细研究“当事人诉求/辩护”以及“法官判决”这两个语步中对法律事实的词汇语法构建，特别是法官在对事实进行描述时使用的数字表达。包含数字的语句非常普遍，以至于在民事判决书中80%的句子都包含至少一个和时间或者金钱相关的表达。本章将进一步研究上一章涉及的“当事人诉求/辩护”以及“法官判决”这两个语步。其次，我们也将会仔细分析两个常用的元话语手段（强调性话语和模糊限制语），研究法官在“当事人诉求/辩护”以及“本院认为”这两个语步中如何塑造自己的行文风格。

5.2 金钱表达

语料库数据表明在“当事人诉求/辩护”以及“法官判决”这两个语步中包含了许多和数字相关的话语表达，而且不同类型的案件用法也没多大变化。在经济、人身伤害和邻里纠纷等案件中，它们的用法几乎是一样的。包含数字的语句被法官主要用来探讨两种类型的问题：时间和金钱。如下的分析研究了和金钱数字表达相关的问题，例如它们出现的语境、成文模式以及法官使用时是如何考虑的。

5.2.1 经济案件

在经济或者不是跟经济相关的案件中都会有金钱数字方面的话语出现。在经济案件中，双方使用金钱数字来描述事实以及诉求，法官在判决书中用这些数字来阐明已认定的案件事实、分析双方诉讼请求。本小节将分析经济案件中金钱数字表述的使用情况。探讨法官如何使其判决书清楚、准确，为什么一些判决书不够精确，以及法官如何在“当事人诉求/

辩护”以及“法官判决”这两个语步中处理相同的金钱表述问题。经济案件的民事判决书中，金钱数值表达常常出现在“当事人诉求/辩护”以及“法官判决”这两个语步中。在“当事人诉求/辩护”这个语步中，通过详细的数字表述体现出当事人诉辩的客观性。在“原告诉称”这个步骤中，通过列举每一笔金额就能反映出和原告遭受到的具体损失相关的详细信息，从而使得随后提出的赔偿金额更具说服力。然而，法官为了使重构原告诉称内容后的论述更有说服力，在处理和金钱数字相关的话语表达时就要求对具体数字的概括和最后的赔偿相一致。

要使这种数字前后相一致，可以通过反复陈述或者估算达到。当在“原告诉称”这个步骤中描述的事实非常简单且没有复杂的案情时，就可以简单地重复数据。如下案件中，被告打破了一个上了保险的、昂贵的古董瓶子。原告（一家保险公司）起诉并要求被告赔偿他为这起事故支付给古董瓶子所有者的钱。他要求赔偿的款项是120万元人民币，而这被反复提及了四次，见下文：

原告……诉称……该瓶的保额为人民币120万元。出险后，我们经现场勘验，认定符合理赔条件。我们与北京某拍卖有限公司签订了结案协议书，确认保险理赔金额为人民币120万元。……由于被告的严重过错，导致保险标的物破碎，致使我们赔付120万元……因此诉讼请求被告赔偿120万元。[某市某区人民法院审理某保险股份有限公司与被告房某财产损害赔偿纠纷案民事判决书，(2005) 宣民初字第××××号]

在这段话中，重复确切的数字表达（120万元人民币）是有意义的，这表明法官不愿使用简单的照应词，例如“这”“那”“它”等。第一次介绍了120万元保额后，在随后的表达中，这个数字可以被其他照应话语替代，例如“我们证实这个损失、我们应该偿还这个钱、我们提起诉讼、要求被告偿还我们这个钱”。使用“这”“那”等照应的表达是建立在读者和作者之间对交流的某些方面产生共鸣的基础之上的，包括交流过程中的合作意向、交流策略的一致理解、文本常识。这些不言自明的相互的一致意见使得作者和读者能够成功地交流、理解另一方所写的文本。在诉讼文本这种对抗性背景的文本中，因为当事人的争议、对抗，故双方不可能有这样的一致意见。本研究发现在法官书写判决书时，总是通过同样的重复内容或其他类似策略将要表达的意思尽可能地写清楚，这已经成了一种惯例做法。如此传递的是已给的信息而不是通过推测得出的信息，被曲解的可能性得到控制。法官在民事判决书中对重复这种策略的使用表明法官清楚地意识到当事人之间存在巨大争议。

重复内容并不只是出现在简单的数字表达上，一些复杂的数字也可以。在如下的案例中原告李某军为被告（某娱乐公司）导演了一部电视剧，在完成电视剧拍摄之后，原告没有从被告那里获得协商好的报酬。于是原告向法院提起诉讼并要求被告偿还约定的报酬：

原告李某军诉称：被告因拍摄二十集电视连续剧《×××××》，聘请我担任该剧的导演，并于2002年8月1日与其签订了协议书。根据协议约定，被告应于该剧完成全部制作之日一次性支付原告人民币300 000元(每集15 000元)。因该剧在创作上采用了我的剧本，依据剧本补充合同，被告应在该剧开机后七日内一次性支付我编剧稿酬164 000元。现该剧早已在全国发行公映，但被告迟迟未付原告报酬。经多次催要，被告总以资金紧张为由推脱。故诉至法院，请求判令被告支付我酬金人民币464 000元（其中导演酬金300 000元，编剧酬金164 000元)。[某市某区人民法院审理李某军诉某公司劳务合同纠纷案民事判决书，(2004) 海民初字第××××号]

该文中，原告声称其作为导演，被告应支付他30万元人民币，而作为编剧他应该得到164 000元。除了对金额的重复说明外，法官在上文中还列出了两个数额的总计金额464 000元。这两个数额相加并不复杂，而且即使没有单独写出这两个数额，被误解的可能性也不大，法官把总计金额写出来更像是为了体现他的权威性和书写的确切性，而不是给文本增加额外的新信息。另外，对数字逐一重复说明和列出总计金额也使得读者更容易阅读，读者不需要返回判决书先前的句子、语段或者先前页去重新理解现在探讨的问题。由于数字话语的表达广泛出现在民事判决书中，每个具体案件的数字不同，所以非专业读者通常都忽略这些数字而去关注法官对争议焦点的意见和判决。然而，律师和法官却会研究这些数字表达的使用情况是否准确，这也在大多数受访的专家中得到证实。专家逐一检查单独的数字和各种相加减的数字来判断民事判决书的质量如何，而且更重要的是研究诉讼行为背景的合法性。

研究还表明律师会仔细阅读这些和数字相关的话语，这既是出于他们善于阅读法律语篇的专业素养，也是由于他们认为中国的民事判决书有时专业化不够。这在语料库的民事判决书中得到佐证。在这些民事判决书中，有些数字表达的信息不清楚，如下例。原告（行人）被被告驾驶的汽车撞伤。原告马上被送往医院并经过六个月的治疗后康复了。但被告只赔偿了原告一小部分医疗费，于是原告起诉被告并诉求如下：

事故后，原告被送往某中心医院治疗……医药费总共是29 997.24元，而被告只赔偿了其中的一部分（19 870 元），拒绝赔偿剩余的款项……总之，原告要求法院判决被告赔偿未赔金额 48 266.44 元。

该文表明原告的医药费总共是 29 997.24 元，而被告只赔偿了其中的一部分（19 870 元）。原告起诉被告的原因就是他拒绝赔偿剩余的款项 10127.24 元（29 997.24 元减去 19 870 得到）。但是在上文中写的未赔款金额为 48 266.44 元，这和 10 127.24 元有一定差距。民事判决书作为一种权威性的体裁，应该要仔细考究，在将判决书送至当事人手中之前，这种类型的错误应该纠正。上文这三个数字是法官提供的和原告描述事实、上诉要求相关的信息，但没有其他额外的信息来解释说明这样的误差，这或许会出现在原告的原始起诉状中，但在法官的判决书中就应该予以纠正和确定。这种类型的表述会有损民事判决书的完整性和权威性。

除了研究“原告诉称”这个步骤中的金钱数字表达，下文将主要分析这个步骤和“法官判决”语步之间的关系，特别是研究法官如何处理同样的金钱数字问题。本研究发现，法官在这个步骤中转述的原告原始论据和在“法官判决”这个语步中再次讨论到相同内容时有所不同。这些不同表明了法官在诉讼过程中想要达到的不同的目的。上一章 4.4.2 小节，“当事人诉求/辩护”这个语步，特别是“原告诉称”这个环节和“法官判决”这个语步有着密切的照应关系。法官转述原告在起诉状中的争论焦点不是为了原封不动地把这些争论事实报告出来，而是要汇报在这些争论基础之上已经认定过了的事实，使得“当事人诉求/辩护”这个语步和判决书中的其他语步更加和谐。法官在上述两个语步中对数字的话语表达就非常清楚地表明了他们这样的意图。在如下案件中，被告从原告（银行）贷款 9 笔，但不能如期偿还贷款。法官是这样在“当事人诉求/辩护”和“法官判决”这两个语步中介绍事实的：

（当事人诉求/辩护）

原告某银行诉称，被告李某某自 1994 年 6 月至 1999 年 10 月先后在我行贷款 9 笔，金额为 270 260 元，以他人冒名贷款 4 笔金额为 42 000 元，合计 13 笔，共计 312 260 元，经我行多次催要，仅付了部分利息后以无钱为由拖欠至今……

……

（法官判决）

根据以上采纳的证据，本院查明的事实为：1989 年 9 月 10 日，李某某以泌阳粉丝加工厂的名义在原告处贷款 63 000 元，到期日为 1992 年 9 月 10 日……1994 年 6 月 26 日，李某某以王某的名义在原告处贷款 5 000 元，到期日为 1995 年 6 月 26 日……1999 年 11 月 16 日，李某某封息，尚欠本金 5 000 元，1995 年 4 月 28 日，李某某以黄牛繁殖厂的名义在原告处贷款100 000万元，到期日为 1998 年 4 月 28 日……1995 年 12 月 11 日，李某某在原告处贷款 20 000 元，到期日为 1996 年 12 月 11 日……［某省某县人民法院审理某银行诉李某某借款合同纠纷民事判决书，（2003）泌民二初字第××××号］

这两个语段相对比可以看出在“原告诉称”这个部分只列出了总计金额 270 260 元人民币（9 笔贷款总计），42 000 元（以他人冒名贷款 4 笔），312 260 元（13 笔贷款总计）。然而在“法官判决”这个语步中却仔细列出了和每一笔贷款相关的详细信息，包括贷款日期、利息。对于非专业读者而言，他们可能觉得这样的行文并没什么不妥，因为不管是总计金额还是单笔数据哪个在先都不影响读者对整个案情的了解，但对于非专家读者而言就不一样了，他们认为数据不同的书写顺序有着重要的含义。

对每一个单笔数据详尽列出并给出相关信息表明法官希望证据得到进一步调查。如果只是单纯给出总计金额，这样的意味就全然没有了。在实际案件中专业人士指出，原告和他们专业的委托代理人是从来不会只给出总计数据的，因为他们深深意识到对具体数据的忽略会剥夺他们提供更多具有说服力证据的机会。只单纯提供一个总额数据只会说明原告没有坚实的证据来支撑他的上诉，哪怕从原告的原始上诉状来看也并不一定是这样。在上述案件原告的起诉状中，原告列出了大多数总计和单笔金额以及相关的必要信息，这是合理的，而且这些信息也有助于法官检验并接受案件事实。在“当事人诉求/辩护”这个语步中列出了总计金额是为了表明原告的主要上诉请求，而在“法官判决”这个语步中对具体数据和相关信息的说明是事实的一部分。这种修辞选择是合理的，因为法官对民事判决书的书写依据就是基于对一系列受审文件的理解和分析，这些文件包括起诉状、辩护词以及庭审记录。尽管原告允许根据自己的偏好撰写事实，但是法官有权利决定他们描述的哪部分是可以作为合法事实并予以接受的，这可能会和原告自己的描述相同或有出入。

5.2.2 非经济案件

尽管在非经济案件中的事实和经济问题纠纷关系不大，但是原告诉求赔偿经济损失也是常见的。相类似地，法官就会使用一些金钱数字方面的话语表达来书写当事人的经济赔偿要求以及他们对这些诉辩的分析。对法官在非经济案件中金钱数字使用表达情况的分析表明了中国法官是如何处理有争议的问题的，如精神损失费的赔偿。在中国，对精神损失是否要赔偿或者哪种赔偿方式能被民事审判接受并没有共识。一些法律专家认为这样的司法创新有利于中国现代法律体系的发展，但是也有声音认为精神损害赔偿方式的滥用会导致过度的诉讼，这会对中国快速发展的经济产生负面影响。这个有争议性的问题也反映在民事判决书中。

语料中的民事判决书涉及方方面面的纠纷，如离婚、小区业主权利、个人声誉问题等。在这些非经济纠纷中，原告主要提出的要求都是非钱财方面的补偿以恢复其名誉，或在此基础上要求一定的经济赔偿。例如，当一个被告破坏了原告的声誉时，原告和法院一般都会马上要求被告以恰当的方式道歉，希望减少被告侵权行为（违法行为）的负面影响。随着中国过去三十多年来一直不断增加对公民人身权利的保护，声誉受到损害的原告要求赔偿经济损失理所应当。依照《中华人民共和国民法通则》第120条规定，当公民的权利受到侵害时，公民可以要求对其精神损失进行赔偿。

以下案件是一个家庭内的纠纷。一男子死于重病。他的妻子和女儿（原告）起诉他的姐姐（被告）。他们诉称被告未经他们允许便将男子转移到了一家新的医院。当他们要求被告告知新医院的名字时，被告拒绝。在该男子逝世前，甚至是去世火化后，被告都试图用尽一切办法阻止原告去医院看望。故原告起诉被告剥夺了其在死前去陪护丈夫（父亲）的权利。下文是原告的诉辩：

被告的所作所为严重侵犯了原告的合法利益，经多次找被告协商解决无果，故原告请求人民法院判令：第一，被告立即将李某新的死亡证明交给原告二人；第二，判令被告公开向原告二人赔礼道歉；第三，判令被告给付原告二人精神抚慰金5万元；第四，判令被告承担本案的全部诉讼费用。[某市某区人民法院审理李某婧、张某明与李某兰、章某哲其他人身权纠纷案民事判决书，(2006) 宣民初字第××××号]

文中，原告要求两方面非经济上的赔偿（提供死亡证明并为此事道歉）和两方面经济赔偿（精神抚慰金和诉讼费）。在这四方面的要求中，第一个是最有可能被法院认可的，而第二个是最有可能被法院否决的。"马上向原告提供死亡证明" 这样的补偿毫无疑问是会被法院认同的。不管被告是否有正当的理由阻止原告去探望死者，原告作为其妻子和女儿都是有合法权利索取死者死亡证明的。冀宗儒（2005）指出，在中国司法背景下，公开道歉这样的赔偿方式并不常见，因为中国人通常对诉讼行为都没有好感，所以法官一般不为难当事人在公众面前道歉，特别是涉及家庭纠纷时。

至于第三个要求——"赔偿精神抚慰金"，有资料证据表明这样的要求"在实际诉讼实践中是不实际的"。尽管理论上原告可以要求赔偿精神损失费，而且在其他民事审判中原告也通常提出赔偿精神损失，但是期望法院支持这样的赔偿是不切实际的。正常的判决结果要么就是没有经济赔偿或者只有很少数额，和诉讼要求的金额相比少得都可以忽略。在很多案例中，原告要求赔偿100万元人民币作为精神损失费但最后只拿到1万元人民币的赔偿也是常有的。要求赔偿的损失和实际拿到的钱之间巨大的反差是很常见的。为了对此现象找一个合理的解释，我们有必要查阅《中华人民共和国民法通则》：

第一百二十条 公民的姓名权、肖像权、名誉权、荣誉权受到侵害的，有权要求停止侵害，恢复名誉，消除影响，赔礼道歉，并可以要求赔偿损失。

尽管这第一百二十条通则没有提到赔偿精神损失费这样的字眼，但是它也传达了法律制定者将之引进中国法律诉讼的意图。在该条通则中的对受害者赔偿经济损失通常被法律专家解读成赔偿原告因遭受被告的侵害而造成的精神损失。但是，遗憾的是没有法律权威机构给出赔偿损失的具体规定。对处理诉讼过程中这样的精神损失赔偿非常有限和模糊。

具体法律的缺失暗示着法律制定者和国家政府只希望在纸上谈谈对精神损失费的赔偿，而不太愿意在当前中国的法律背景下真正施行。最高人民法院给出如下官方声明：

第十条 ……公民、法人因名誉权受到侵害要求赔偿的，侵权人应赔偿侵权行为造成的经济损失；公民并提出精神损害赔偿要求的，人民法院可根据侵权人的过错程度、侵权行为的具体情节、给受害人造成精神损害的后果等情况酌定。（最高人民法院关于审理名誉权案件若干问题的解答）

在该条声明中，最高人民法院规定公民可以要求赔偿其遭受到的经济损失和精神损失。这两个概念有细微的区别。“侵权人应赔偿”表明法院有义务监督“赔偿任何经济损失”。而“公民并提出精神损害赔偿要求的，人民法院可根据侵权人的过错程度、侵权行为的具体情节、给受害人造成精神损害的后果等情况酌定”表明当当事人没有提出赔偿精神损失的要求时，法院没有受法律约束一定要考虑为受害方提出赔偿。

这种模糊的法律依据表明法律制定者、最高人民法院对施行精神损失赔偿还持比较保守的态度。当原告提出这样的要求时应该谨慎，因为诉讼费和诉请精神损失赔偿是成比例的，要求高的赔偿金额就会导致高额的诉讼费。如果原告无法支付他们要求的诉讼费，那么将会根据他们损失的部分按比例扣除。如下案例具体解释。该案例中原告声称被告损害其声誉，法院也认可该上诉。然而原告提出的赔偿 100 万元精神损失费法院最后只判定了 1 万元。下文是法院判决：

本庭判决如下：
第一，被告应当在国际媒体……发表公开致歉声明……
第二，被告应当向原告支付 1 万元人民币作为精神损害赔偿……
第三，……
总计诉讼费为 15 010 元，原告支付 14 860 元，被告支付 150 元……

上文表明了法院认可原告提出的金钱给付赔偿要求，但也要其支付大部分的诉讼费（总计诉讼费为 15 010 元，原告支付 14 860 元）。对于败诉的被告方只用支付 150 元。所以，虽然胜诉的原告获得了法院判定的 1 万元精神损失赔偿金，但是实际上他还亏了钱。法律规定败诉方应该支付诉讼费。如果一方的某些要求被法院接受而另一些被拒绝，那么应该根据他损失的那部分来支付诉讼费。在上述例子中，法官接受了原告提出的声誉受损的金钱索赔，但否决了他提出的精神损失赔偿诉请。法院判决被告应立即停止侵害原告声誉的行为并在国家公开报纸上刊登公开道歉声明。原告提出的要求“索赔 100 万元人民币的精神损失费”并没有得到法院认可，法院判定的赔偿金额为“1 万元人民币”。于是，原告被要求支付诉讼费的 99%，即上诉要求的“100 万元”赔偿最终还要用来支付法院判定的 1 万元诉讼费——这是法律规定的。

有证据表明，在中国判定的精神损失赔偿金额一般不超过 5 万元人民币。就如下面一篇新闻报道所说的那样，判定精神损失赔偿的困难性是众所周知的。

> 目前在大部分民事案件中，原告要求赔偿精神损害的现象越来越普遍。这一方面反映了公众权利意识的觉醒，同时也透露出公众在行使权利时存在很多模糊空间。因此法官提醒公众，在提起诉讼请求时应慎而又慎，不可一味地为了满足自己的心理需求而漫无目的地要求对方赔偿精神损害。这样的话，不但需要支付更高的诉讼费和律师费，而且还不一定能获得法院的支持。目前上海市规定，精神损害赔偿的最高额为 5 万元人民币。如果“狮子大开口”，就很有可能“赢了官司，输了钱”。①

原告和法官对这则新闻报道中的“赢了官司，输了钱”这样的现象有不同的理解。在上述案件中的原告或许会信服 1 万元的精神损害费是对于破坏他声誉或者惩罚被告恶意行为的合理赔偿。法院也会认为这个高额的赔偿要求是原告想获得公众知名度的一种策略，故他们通常都会先考虑进行非经济方面的赔偿，例如阻止侵害行为，要求被告公开声明道歉以降低负面影响。

总之，对非经济案件中的金钱数字表达情况的研究表明，法官和原告对精神损害赔偿持不同的态度看法。一方面原告可能主要强调对自己在某个案件中遭受到的精神损害提出高额索赔，这在“原告诉称”这个步骤中列出。而另一方面，法官在民事判决书中处理这种赔偿的顾虑通常反映了

① 上海规定最高 5 万元精神损害赔偿. 上海商报，2004 - 10 - 15.

法律的要求以及司法文化背景，这体现在“法院判决”这个语步中。尽管有时候法官在“原告诉称”这个步骤中转述原告上诉要求时，忽视了原告提出的赔偿诉请，但本研究表明在这个步骤中他们从来没有忽视被告提出对精神损害的赔偿，他们只是希望通过被告提出的精神损害赔偿金额和最后法院判决的金额之间的巨大差距来表明国家对精神损害赔偿的政策规定，以及表明法院是遵照国家的法律法规的。在现行的中国司法背景下，非金钱赔偿对于非经济纠纷而言基本上是足够的。即使法院有更大的空间判定更高的精神损失赔偿，一般也没权力保证，至少现行法律没明确给予法院这样的权力。单纯出于对事实的考虑并不能使法官有足够的理由判决精神损害赔偿，况且如上文讨论的，他们需要考虑最高人民法院以及政府制定的政策法规。

5.3 时间话语表达

在语步“当事人诉求/辩护”中，法官大量地使用了时间数字的表达，而研究发现这些时间数字表达又多出现在这个语步中的第一个步骤“原告诉称”中，在第二个步骤“被告辩称”中通常没有使用。语料库中几乎有一半（54%）的判决书在“被告抗辩”这个步骤中一个时间数字表达也没有出现。

5.3.1 **“原告诉称”**

法官书写这个步骤的目的是呈现原告对事实的态度以及原告的诉求。为了概括原告对事实的看法，法官惯例上都会使用一些时间数字的表达。在以下案例中，原告在被告经营的酒楼里就餐。因为这些食物没有煮好，导致原告重病。原告提起诉讼，要求被告赔偿其遭受的痛苦和不适。在下文中，法官详述了该起事故中原告在餐厅中吃的食物以及他就医的几家不同医院。

原告诉称：2006年7月6日，原告前往被告经营的酒楼就餐……2006年7月19日始，原告出现半身发麻无力症状……7月24日，原告前往某大学第三医院就诊，医院初步诊断为疱疹，开了一些治疗药物……7月28日，经某总医院医生会诊被诊断为结核性脑膜炎……7月29日转到309医院结核科……2006年8月17日，原告前往某医院，被确诊为“广州管圆线虫病”，并于2006年8月17日至2006年8月30日住院治疗。……［某市某区人民法院审理张某某与北京某餐饮文化发展有限公司人身损害赔偿纠纷案民事判决书，(2007) 朝民初字第××××号］

上文中，法官大量使用了时间的表达：2006年7月6日，2006年7月19日、7月24日、7月28日、7月29日、8月17日、8月30日。该起事故持续发生在两个月内，在日常交流中或许并不需要列举出这八个时间点来叙述事件的发展，一两个日期就足够向非专业读者讲清楚事件的过程。而这么密集地将确切的时间列出来表明了原告觉得有必要用这样的方式详述自己的经历，原告为提供证据下了一番力气。在这里，法官强调原告在确诊疾病前换了几家医院，表明了原告病情的严重性以及确诊的难度。这些重要的事实信息值得法官思考，时间方面的话语表达以及对每一事件的具体呈现也表明了法官理解原告谴责被告的用心。

运用确切时间表达的优点之一就是文本的可读性大大增加了。作为一种表达“做”这个行为的语言，将事件按照时间顺序的描述和判决书中其他部分表达“想”的语言相比差别较大。冗长的“原告诉辩”过程没有必要读出每一个词才能明白其大意。这八个时间的表达可以看成话语标记，它们暗含了对文本语义的划分。为了对文本有个大致的了解，读者可以通过具体的时间表达很容易找到随后的内容，然后把它们的意思串起来。简单来说，这八个句子里面有七个都有相同的主语（原告）以及相同的语法结构（原告+动词）。这样的文本安排极大地降低了读者理解文本的难度，我们将会在第6章用连贯的概念进一步研究这样的文本。

5.3.2 “被告辩称”步骤

在这个步骤中，法官总结了被告对原告诉求的辩护。和“原告诉称”中大量使用时间表达相比，语料库中几乎接近一半（54%）的民事判决书“被告辩称”部分一个时间数字表达都没有。如下的“被告辩称”步骤摘自上述同一食品案件：

被告辩称：对于原告的就餐及遭受损害的事实无异议，我公司表示真诚的歉意。在事件发生后，我公司已在媒体上进行了道歉，因此不同意原告要求我公司在北京地区具有影响力的报纸或刊物上公开赔礼道歉的诉讼请求。对于原告要求的后续治疗费、误工费、住院伙食补助费，我公司同意在合理的范围内赔偿。对于原告要求的精神损害抚慰金，数额过高，希望法院酌情判决。[某市某区人民法院审理张某某与北京某餐饮文化发展有限公司人身损害赔偿纠纷案民事判决书，(2007) 朝民初字第××××号]

该语段没有任何时间方面的话语表达。从该文可以看出，法官似乎只是总结了被告对原告诉求的反驳，而对原告描述的事实似乎没有任何异议。法官这样的结论对某些特定案件的处理是合情合理的，但是当语料库中所有的判决书都是这样相同的结论时就有问题了。

为了弄清被告原本是如何书写这个部分的，研究者分析了被告的辩护陈词，并拿它和判决书中的"被告辩称"这个步骤对比。在第四部分中我们做过类似的比较，主要是研究"原告诉称"和"法官重构"这些诉请的不同之处。按照相同方法，我们做出如下比较。例如在某案例中，某运输公司（被告）和该公司一名员工（原告）产生了纠纷。原告在工作中受伤，于是他起诉被告要求赔偿其伤害。然而，被告辩称是原告没有遵守公司的规章制度才导致受伤的，所以公司不应该进行赔偿。下文是引用自被告的辩护状：

我安排原告2004年9月5日将货物运到甘肃……为了避开收费站，自己赚取费用，2004年9月5日早上四五点，原告走了一条还未完工的新路，2004年9月5日早上6点左右，另外一辆卡车……

从上文可知被告是如何理解该起事故的。被告使用了一连串的时间用语：2004年9月5日早上四五点、2004年9月5日早上6点左右、2004年9月5日。在这些数字中，被告不仅阐明了事故发生的日期，而且还把事故发生过程的具体时间列了出来。经专家学者进一步证实发现，被告哪怕对原告阐明的事实没有很大异议，他们通常也坚持把事实描述完整。当然，法院会判定到底他们描述的事实和诉讼过程是否相关，如下文所示：

法官在"原告诉称"和"被告辩称"两个部分不会原封不动地汇报当事人的观点。在原被告之间可能有多个争议和问题，他们只考虑那些和案件有法律相关性的问题。法律确实规定法官有权分析当事人的观点，以确认法律事实。可法律没有规定要在判决书的"原告诉称"和"被告辩称"两个部分汇报所认定的法律事实，这样做只是一种惯例。(律师采访录音)

在民事判决书中，“答辩状”只是法官查出法律事实过程中要考虑的众多文件之一。就像法官在判决书中需要对“原告诉称”重新转述，法官对被告辩称的内容也可以在通过分析后只保留那些和民事判决相关的。法官没提到被告对事实的陈述有两种可能，或是因为他觉得被告没有提出和原告出入很大的事实陈述，又或是他们在“原告诉称”这步骤中综合了原告和被告的陈述。于是，“被告辩称”和“原告诉称”这两个步骤的内容作为民事判决书的一部分紧密相关，而不是忠实地还原原告和被告各自观点的独立文段。总之，法官在这两个步骤中使用时间方面的表达表明了法官如何分析当事人对事实的描述，从而查明法律事实。这两个步骤之间紧密的联系也表明法官对原告和被告之间争议焦点问题的理解。

5.4 民事判决书中的元话语

该小节主要探讨民事判决书中使用的元话语。在本研究中，元话语指的是法官对文本发表意见的话语，或者和潜在读者在协商意义上使用的话语。法官在民事判决书中使用的元话语明显且容易辨认，因为这些元话语传达了法官人际话语意义，而且这些表达通常在判决书格式化的语言中非常突出，例如“可能性极小”“一般”“通常”。对语料的分析表明两种经常使用到的元话语表达是强调性话语和模糊限制语。民事判决书作为一种高度格式化和制度化的体裁常常被认为是较少和读者进行交流的。法官需要做的就是让自己熟悉那些格式化的词汇、表达、修辞结构，这也是中国非法律界专业人士的普遍观念。在这种高度格式化、制度化体裁下的一个重要的事实就是法官需要衡量评判当事人的观点并做出自己的决定（Rowe，1999，p. 10）。法官书写民事判决书绝不仅仅是简单的填空任务，而是要把原告、被告、法官对问题的争议焦点都反映在判决书里。这样就使得判决书中出现的这些元话语显得非常合理了。

在诉讼过程中，原告和被告都能充分将争议焦点呈现给法官，试图说服法官支持他们的观点。而为了达到各自的目的，尽管有些标准和规约需要遵守，但原告和被告的论点通常都是用类似的修辞手法来构建的。法官也仔细分析双方争论的论点，通过解释相关法律，最终得出判决，而这个过程在遵守相关格式和规约惯例做法之外还使用各种修辞手段。于是带有修辞的书写就成了法官和当事人在诉讼过程中达到各自目的的常见手段。

不管是在“原告诉称”“被告辩称”还是“法官判决”等语步，民事判决书中有争议的问题很少写得没有说理成分。尽管从第四章的分析我们可以看出民事判决书的一部分读起来更像是叙述性而不是议论性的话语，但这些叙述性话语中也包含修辞策略，如强调性话语和模糊限制语。

据一些专家研究发现，法官在“原告诉称”和“被告辩称”这两个语步中转述当事人原本诉辩观点时通常不会增加元话语。基于这个发现，在下文我们将主要分析这两个步骤中的强调性话语和模糊限制语。在这两个步骤中重构当事人原始论据时，法官常省去那些带有强烈个人情感态度的元话语。除非法官将原告、被告原来的元话语还保留在这两个步骤中有其原因，否则他会被质疑缺乏书写民事判决书的专业能力。

5.4.1 “原告诉辩”步骤中的强调性话语

在“原告诉称”这个部分中，法官保留原告使用的强调性话语来强调被告的侵权（违法）行为以及对原告造成的痛苦损失。在以下案例中，原告声称被告的言语行为有损其声誉。在“原告诉称”这个步骤中，法官保留了原告写的强调性话语：“原告诉称：被告的言辞纯属恶意诽谤，根本不是事实，被告严重侵犯了我的声誉。”这里，强调性话语对文本的命题意义并无太大影响，去掉它们也不会影响专业或者非专业读者对时间问题的理解，但这些表达使得文本变得更有说服力。通过文本我们可知被告有侵权行为，他蓄意散布不符合事实的言语来侵犯原告的声誉。该文不是毫无感情地表达原告对事实的描述，而是通过一些强调性话语来修饰句子：纯属恶意诽谤、根本不是事实、严重侵犯了。强调词“纯属”和“恶意”结合在一起表明了原告对被告行为的强烈谴责态度。“根本不是事实”说明了被告与事实不符的言语是显而易见的，哪怕还需要进一步提供证据。最后一个“严重侵犯了”强调原告提起诉讼有合法依据，而这也是他提出要求赔偿其损失的原因。

法官在判决书中保留这些强调性话语就是为了清楚地展现原告指责被告并希望说服法官接受其上诉的意图。原告和被告之间在诉讼过程中肯定是有冲突的，而法官的任务就是要在判决书中去分析解决这些冲突焦点，这是一些非业内人士没意识到的。原告或许会用不同的修辞策略来展示和被告观点的冲突。有时他们会选择强调被告的行为给自己造成了伤害，他们理应得到同情，而不是强调被告的负面行为。前文所举的案例中，原告就指控被告阻止她探望其丈夫：

被告剥夺了原告对李某新尸体的所有权和对李某新的哀思权，造成原告终身的痛苦。当原告二人得知李某新病故的噩耗后悲痛欲绝，之后长期的彻夜不眠，精神恍惚，不能坚持工作和学习。被告的所作所为严重侵犯了原告的合法利益，经多次找被告协商解决无果……［某市某区人民法院审理李某婧、张某明与李某兰、章某哲其他人身权纠纷案民事判决书，(2006) 宣民初字第××××号］

从文中可以看出，原告用强调性话语不是想强调被告的负面行为，而是将自己描述成了无助孤苦可怜的寡妇。她就是想告诉法官自己遭受到的痛苦有多么深：终身的痛苦、悲痛欲绝、长期的彻夜不眠、精神恍惚。这些强调性话语讲述了一个悲惨的故事，同时也想赢得法官对她遭受痛苦的同情，这在最后一句话中也总括了她的意思“被告的所作所为严重侵犯了原告的合法利益”。法官之所以保留了这段原告遭受痛苦打击后带情感的话语，是因为他们理解原告和被告之间的冲突是没法磋商的。

原告只是想强调被告的行为给自己造成了伤害，他理应得到同情，而不是强调被告的负面行为。首先，当原告意识到被告的侵权（违法）行为后，或许会选择将被告的行为直接仔细描述出来。或者最好就是描写她们遭受到的令人同情的处境，虽然这样是间接的，但也同样有说服力。其次，当原告的意图是说服法官惩罚被告的侵权（违法）行为时，她们就会仔细描述被告的行为来证明其恶意。但如果当原告的本意是想获得损失赔偿，她就会花多一些笔墨证明他们遭受到的痛苦有多么深，在中国，只有证明了受害才能获得赔偿。总之，法官深知原告的这两点考虑，以及两者之间紧张的关系。不然法官就会在判决书中转述双方原始诉辩时将这些强调性话语省去。

5.4.2 “被告辩称”步骤中的强调性话语

“被告辩称”这个步骤实现了法官对被告答辩内容的转述。因为原告和被告之间固有的冲突属性，被告也使用强调性话语来反驳原告的诉求，但方式不一样。不像原告那样，被告几乎不会每句话都反复使用强调性话语。相反，被告会在“被告辩称”这个步骤中有选择性地使用强调性话语，这些不太明显的使用要仔细识别。在民事判决书中，法官保留这些强调性话语体现了法官希望透过这些强调性话语表明被告的意图。这样也反映了原告和被告打交道过程中更多的相关信息，以及提高民事判决书的说理性。调查表明，大多数被告在诉讼过程中不像原告那样有那么大的动力呈现冲突观点。被告的意图通常希望双方得到调和，或者巧妙地回避原告的诉称而不是给予情感上的回应或评价原告的要求。如下一段律师陈述就能很好地说明这一点：

大部分民事诉讼案件的被告的确是或多或少侵犯了原告的权益，我觉得被告作为过错方是不会像原告那样咄咄逼人的，如果显现出太强的逃避责任的意图，反而对被告的答辩不利，因为我们希望被告能表现出对原告所遭遇的不幸的理解，尽管他的主要目的是减轻自己的责任。（律师采访录音）

以下例子中，被告使用了强调性话语来表明与上述原告诉称被告有损其声誉这个说法的不符：

被告辩称：我从未说过“提供性交易”，我只是告诉 Y 事实，我私自告诉他们信息，而不是公之于众。

该文表明了被告是如何为自己的行为答辩以免受到原告谴责的。被告在这里使用了两个简单的强调性话语“从未、只是”修饰她的辩护词，辩驳原告的诉求。“从未”强调了被告对原告指责的否认以及强烈地表达了自己是无辜的。“只是”用来缓和她向媒体透露原告私人信息这个行为造成的影响。被告似乎希望说服法官她所说的都是真的，而且她也无恶意伤害原告的声誉。

这两个强调性话语的使用使得语义大大不同，虽然省略“从未”不会改变被告答辩的意义，但是没有“只是”这个词，意思就不一样了。用“从未”主要表达了被告说服他人的意思，同时也表达了对指控的反感。然而，“只是”不仅仅表达了个人的意向，而且给被告的答辩意思划定了界线。例如，“我向 Y 透露了事实”和“我只是向 Y 透露事实”是两个意思完全不一样的表达。没有强调“只是”说明被告除了向媒体透露事实以外还可能告知其他事情，这样就会毁了被告对指控的辩解。

在下面的案例中，被告被指控非法出版了原告的著作来牟利。

我们对由于工作失误，在未得到授权就出版了原告作品表示深深的歉意……我社协同执行主编查找原作者联系途径，寄送稿酬。同时已将全部应付原作者的报酬一并支付给了执行主编，并在该书“编辑说明”中特别注明付酬联系方法。我社实际已履行了支付报酬的义务……［某市第一中级人民法院审理李某某诉吉林某某出版社、北京某某图书有限责任公司侵犯使用权和获得报酬权纠纷案民事判决书，(2000) 一中知初字第×××号］

文中，被告使用强调性话语的意图很典型，这也证实了先前专家的判断。这里，被告似乎承认了原告对他的指控，但是他也有意规避。首先，被告在其答辩中进行了道歉（“我们表示深深的歉意”）。“深深的歉意”表明被告意识到原告遭受了损害，而且愿意为之道歉。被告这里的策略就是为了让自己看起来像是一个负责任的出版商。被告构建一个负责任的形象有助于说服法官自己没有恶意损害原告名誉，于是也不应该承担过多的责任——只赔偿那些实际已经造成了的损失，而不包括没有直接影响的。“一并支付”和“实际”强调了被告支付的及时和完全。一旦支付的事实被法院接受，这就会成为证明被告没有蓄意利用原告的坚实证据。

总之，尽管被告在该文中没有像原告那样频繁地使用强调手法，但也在辩称中仔细考究了强调性话语。每一个强调性话语都是对原告提出的某个具体诉求的答辩，或者是为了自己某个行为而辩解。诉讼过程的本质特点就是如此，被告或许不如原告那样急切地表达冲突的观点，因为被告在诉讼过程中的目的就是去调和或者避免指责，而不是对原告的指控给予情感上的评价。

5.4.3 “本院认为”语步中的强调性话语

分析了法官在“原告诉称”和“被告辩称”这两个步骤中如何转述双方诉辩的强调性话语后，本小节内容将研究法官在“本院认为”这个语步中如何使用强调性话语。作为诉讼过程中的中立判决人，法官的主要任务就是发现事实、解释法律并用它分析事实。先前的分析表明法官要做到这两点就必须遵守一些标准的规则和惯例，并很好地运用他们的专业能力和专业知识。实践中，法官会充分发挥专业技能甚至是为之创造机会来发挥个性，在民事判决书中表达个人的见解。该部分将研究法官在书写“本院认为”这个语步过程中如何联系对法律的解读、将法律用到分析事实上，以及书写法律性意见。

5.4.3.1 解释法律

在“本院认为”这个语步中，法官的首要任务就是解释法律。对这个语步的强调性话语研究表明法官在解释法律时还有其他顾虑，而不是马上将其应用到确定的事实上。因为判决书也会被其他法官阅读，同一级别法院的法官会参考其他法院法官的意见来判定类似的案件。高一级别的法院会研究这些判决来达到监督的目的，而低一级别的法官会把这些判决书当作先例来参考。[①] 所以这些判决书中对法律不恰当的解释会很容易被这些专家读者识别出来，这样就会使法官书写判决书的专业能力遭到质疑或者对其事业发展产生不利影响。这些顾虑使得法官在这个语步中通过强调性话语和模糊限制语尽最大努力展示他们的专业能力和水平。

如下的例文表明了法官在这个语步中使用典型的方法来重构当事人的诉辩，而且还积极展现个人书写个性和专业能力知识。案例中，双方就被告使用了原告的专利而产生了纠纷。文中法官就他们对中国国内专利问题的法律保护发表了看法：

本院认为：这些专利权合理合法，受到专利法的保护……任何单位和个人，未经专利所有人授权，不得以下列六种方式……

法官在该文中对专利法的解释使用了总括性的强调话语“任何”，不是单指某些具体的人或者单位，而是指任何违反专利法的人。如果法官详细考虑以下案件，就会发现使用概括性的“任何”一词是不合理的，因为他们本可使用具体的词语“被告”来代替，但这里法官主要是对专利法的总体讨论。从另一个文本特征也可以看出这一点——法官罗列了六种不同的情况，哪怕不是每一种情况都和这个案件相关，但在每一种情况下专利持有者的权利都会受到侵犯。以上文本表明了法官对某个法律法规应该严格应用在这个案件或其他类似案件中的个人理解。他们对法律的解释不仅是为了给案件判决提供法律依据，而且在总体层面上表明了法官的专业能力，特别是对于非专业读者而言。

在下文中，法官想展现他们自己专业能力的意图更明显。该案例中法院判定原告和被告双方的合同无效，因为它涉及非法使用国有土地：

本院认为，土地管理属国家强制管理，土地所有权、使用权的转让必须经国家土地管理部门批准。某农场、某村经济合作社……其在未获得国

① 从理论上说，在民事法国家包括中国在内是不能用先例来决定判决的，但实际上，中国的法官总会参考其他法官的判决，特别是高一级别法院的判决书。

家土地管理部门批准的情况下，无权擅自将该土地所有权、使用权、经营权、收益权作为投入与他人约定合作项目……（某市第一中级人民法院审理某公司诉某农场合作合同纠纷案判决书）

该文段第一个使用的强调性话语（“必须”）就很复杂，而且在原始法律条文中没有类似的表达。法官似乎觉得分开使用“应该”“必须”不足以向试图违法者提出警告——土地交易的严格监管以及国家对稳定土地市场的决心。这个复杂的强调性话语表明法官对土地相关法律解读的信心。第二个强调性话语“擅自”对语义改变影响不大，因为对“未经国家土地管理机构的许可，原告无权转让”这句话误解的可能性很低。“擅自”传达了两方面的意义。第一，这个短语表明法官对非法土地交易负面态度强硬。第二，强调性话语在该案中意味着当事人有意违法，而且也进一步暗含违法者没有认真对待土地法，这样的文本也清楚地表明法官对当事人蓄意违法持负面态度。

研究结果发现，法官对法律解释的信心不仅仅是基于对法律的熟悉程度，而且还是基于对政府政策的了解。中国的法院和法官通常遵守政府的政策，而且在诉讼过程中也运用这些政策。张琪（2003）在诉讼实践中也发现了类似的结论。上文中法官对土地法的解释表明了和土地交易相关的政府政策，也就是说所有的土地交易都应该受到政府的严格管理。

5.4.3.2 应用法律

法官在这个语步中要完成的第二个任务就是把解释的法律应用到认定的事实上。法官会根据证据和法律来评判当事人的诉辩。由于不同的具体案件中当事人的诉辩差异很大，所以这项任务就要求法官根据具体的案例来书写而不是仅仅套入格式化的规则中。从法官使用的强调性话语中也可以明显地看出他们给出个人见解和评价的意图。在以下例子中，原告的亲属在被告经营的酒店里受伤，于是他起诉被告要求赔偿。被告的证人证明了事故完全是原告亲属自己的责任，这个说法得到了法院的支持。如下文段节选自最后判决书中“本院认为”这个语步：

本院认为，苏某某、屈某某……描述得清清楚楚，真实可信……被告的证人张某某、黄某某等人出庭作证的证词反映了事发前张某醉酒等情况，客观真实，本院予以采信。分析造成本案发生的原因……在张某不醉酒的情况下，意外翻出白云旅社内天井栏杆并摔到一楼天井地板的可能性极小…… [某自治区某县人民法院审理张某某等与某旅社、邓某某人身损害赔偿纠纷案民事判决书，(2004) 横民一初字第×××号]

法官在该文中评估了被告证人的证词并分析了事故。从中可以看出强调性话语的使用非常密集，法官旨在展示他们的个人观点以及对案件的评价。一般来说，法官书写民事判决书使用的语气大多是客观的，而此处却用了大量主观评价性的表达：清清楚楚、真实可信、客观真实。

原告有提供证据的义务，但与法官对原告证词的评价相比，以上文段展现了法官个人的评论观点。见下文法官对原告证词的评价：

原告张某某在公安机关对张某死亡而制作的《尸体勘验笔录》中明确不同意解剖检验并签名，原告林某某同意法医尸检结论，不要求进一步解剖检验并签名，造成对张某是否醉酒没有法医学或医学上的鉴定结论，原告对此也应承担举证不能的责任，所以，原告称事发当晚张某没有醉酒，证据不足，本院不予采信。[某自治区某县人民法院审理张某某等与某旅社、邓某某人身损害赔偿纠纷案民事判决书，(2004) 横民一初字第×××号]

法官在文中并未使用强调性话语，语言表达是正式的、客观的，这和对被告证人证词的评价形成鲜明对比。这样的评价差异体现了法官对原告以及他受害亲属的同情态度，尽管原告在没有法律依据的基础上提起诉讼并且败诉了。

对判决书的研究表明法官在“本院认为”这个部分讨论无辜、侵权方的时候一般都会用到强调性话语。但当他们讨论到一方受害但起诉无效的时候就几乎不用。法官对强调性话语使用的有所保留表明，原告作为受害方不应该因他们没有法律依据起诉后就简单地用个人情感或道德评价，因为无效起诉或许还是可以通过重新立案来纠正的。由此可看出，法官对强调性话语的使用表明了他们除对当事人纠纷进行法律分析外，也表现出对当事人个人以及道德态度的评价。同时他们在“本院认为”这个语步中对强调性话语使用的保留态度也表明了他们对受害方的同情理解。探讨那些起诉无效的强调性话语被法官认为是没必要也是不专业的。

5.4.3.3 书写法律意见

在这个语步中，法官的第三个任务是对和争议相关的问题提出法律见解，并且也对“本院认为”这个语步进行总结。因为在法律解释以及对法律的应用中，法官通常提供很多专业性内容，而书写法律意见这个部分通常都是非专业人士阅读该语步时首先会读到的。就像在上述第一个任务中，法官使用了多个强调性话语来对不同的法律道德问题给予个人评论。如下案例，原告在被告经营管理的巴士汽车上丢失了财物。原告声称被告应在其巴士旅游过程中保管好原告的财物，而被告反驳他没有义务看管原告的私人物品。下文表明了法官对这个问题的意见：

本院认为……本案原告……并未特别告知纸箱内装的是什么……旅客对自己物品的注意保管程度，明显大于承运人对旅客物品的注意保管程度……原告明知自己随身携带的是具有人格象征意义的特定纪念物……而草率地交给司乘人员，并且对应该由自己控制的物品疏于注意保管，致使随身携带的物品丢失，其责任应由自己承担……被告出于道义上的原因，积极配合、协助原告多方寻找…… [某区法院审理原告高某某与被告某市某汽车运输有限责任公司、田某某赔偿纠纷一案民事判决书，（2007）甘民初字第××××号]

该文中，法官依照相关合同法的解读评价了在这个纠纷中原告和被告的行为。这里法官用了密切相关的强调性话语。在对原告行为的评价上，法官持消极态度，例如：并未特别告知、明显大于、明知、草率地交给。“并未特别告知”意味着原告在上了被告的巴士后并没有告知被告他所携带的财物需要特别保管，所以原告自己就应该对自己车上的财物负责。“明显大于”意味着原告的要求是不合理的，因为他没有要求被告看管好他的私人物品，特别是他（原告）也没有告知被告财物的价值。“明知”“草率地交给”强调了原告没有很好地看管好他的财物。

以上所有的强调性话语都表明是原告自己的过失造成损失，而法官则用了强调性话语来对和被告相关的事实进行评价：出于道义上的原因、积极配合、协助原告多方寻找。这里的强调性话语表明法官对被告的好心好意赞赏，因为被告事实上是没有责任赔偿原告丢失的财物的，但是他还是“积极”帮助原告寻找。而且从这可以看出首先原告不应该上诉，相反，他应该对被告在事故中的帮助表示感谢。法官除了用强调性话语来表达对纠纷争议的个人评价外，他们还会表达对案件中特定社会问题的态度。在如下案例中，原告在被告经营的酒楼吃了一盘螺肉，但这盘螺肉感染了寄生虫而且没有完全煮熟，导致原告吃完后得了一种和寄生虫相关的疾病。

他住院几个月且支付了高昂的医疗费用。下文摘自判决书中“本院认为”这个语步：

本院认为：……被告作为酒楼经营者，对其出售的食品的安全及卫生应负高度的注意义务。……被告……主观上具有明显过错，故其对原告所遭受的人身损害及相应的财产损害负有完全赔偿责任。［某市某区人民法院审理张某某与北京某餐饮文化发展有限公司人身损害赔偿纠纷案民事判决书，(2007) 朝民初字第××××号］

尽管从法官书写的判决书来看似乎和其他民事案件没有太大区别，但从三个语篇要素可以看出该案件不仅损害了当事人的个人权利，也对社会利益造成了威胁。首先，众所周知田螺携带了很多寄生虫，只有煮熟透的田螺吃了才会卫生。国家卫生部门这50多年来一直提醒大众要将田螺煮熟后再食用。被告不恰当地烹饪田螺说明了他不遵守卫生部门的提醒也不关心顾客的身体健康。其次，在这起事故中有四十多位顾客感染了相似的疾病，只是有些顾客没有起诉法院要求赔偿。再次，一些人也向大众媒体披露了该起事故。对这起事故的广泛报道也引起了公众对中国食品安全的关注，因为这起事故发生在北京，所以在社会影响上更显敏感。最后，该起事故发生在SARS疫情暴发之后，中央政府当时对食品安全问题有非常严格的政策。政府害怕对这起事故的公开宣传会有损人们对中国食品安全和公众健康问题的信心。

有人会说这三个因素对该起案件的判决和庭审关系不大。但恰恰相反，对这个案件的讨论得基于和诉讼分析、判决似乎不相关的国家、政府和公民权利因素之上。在英美法等普通法系国家的民事审判中，法官和法院有绝对的独立性和自由性。然而，中国的情况则不同，中国的法官和政府在各个层次上都密切合作。“高度地注意义务”这个不严密的表达非常典型且具有高度的指向性，常用在中国政府语篇中，中国的法官熟知这些话语资源。法官发表观点时用这样的表达明确地表明了这些判决的社会文化背景。虽说从法律观点来看，不严密的强调性话语“高度”表达了强烈的个人态度，但也不能表达出被告具体的责任是什么，它引起的是公众情感的共鸣。

其他的强调性话语如“主观上具有明显过错”“负有完全责任”也表明了法官遵守如上提到的政府对食品安全制定的严格政策。法官认为被告应该对该起事故负全部责任，并且用强调性话语来清楚地表明他们希望用坚定、感性的方式来判决这个问题，这在政府话语中比法律语篇中更常见。“完全”说明了被告对赔偿负有的全部责任是多方面的：被告应该赔偿原告上诉的费用、原告的损失以及原告未来潜在的损失。法官另一个隐性的意图就是让这起民事判决为以后的类似案件提供先例。总之，法官在“本院认为”这个语步中的三个任务——解释法律、应用法律、书写法律意见中都用了强调性话语，而且还有扩大使用的趋势。法官在这三个任务中的书写都越来越长，这或许是因为他们增加了对强调性话语的使用。或许是对这些任务的要求也没那么专业化，书写也不要求格式化了，这个解释可能更合理。第一项任务涉及相关法律规定，第二项任务是将法律运用到争议中，第三项任务是法官对特定问题的法律性建议。但正是在第三项任务中法官才有机会享受到更多使用强调性话语表达他们个体的评论观点和评价的空间，这些专业观点正式判决了当事人的纠纷。

5.4.4 “原告诉称”“被告辩称”步骤中模糊限制语的缺失

研究显示法官在“原告诉称”“被告辩称”这两个步骤中都没有使用模糊限制语，也就是说原告和被告在诉辩中也没有使用到。在第三章中我们将模糊限制语解释成一种作者对内容不确定，或者对其内容的真假没有保证的修辞表达方法。在诉讼过程中，当事人将他们的诉辩观点呈现给法官，试图说服法官支持他们。所以当事人几乎没有空间来表达他们对诉辩的不确定。若在诉辩中使用模糊限制语就会显得他们缺乏自信或者证据不足，有损论据的信度和说服力。

5.4.5 “本院认为”语步中的模糊限制语

由前面的分析可知法官在“本院认为”这个语步中要完成三个任务：解释法律、运用法律、书写法律意见。其中前两个任务中都有模糊限制语，但书写法律意见中未出现。因为这部分是法官书写相关的法律见解来判定某案件中当事人各自的权利和义务，言语表达应该要清晰准确，避免含糊。于是书写法律意见部分不允许出现模糊限制语。以下分析研究了法官是如何在解释法律、运用法律中使用模糊限制语的，其目的又是什么。

5.4.5.1 无现成适用法律的解释

大家普遍认为在中国听取审判是个很简单的工作，因为法律大多数都直接适用于案件事实，中国的民法包括合同法、家庭法、专利法、侵权法、交通法、物权法等详细的法律书写体系。但是，立法者显然不可能对社会生活的所有方面都做出翔实的法律规定。某些研究的案例中的一些争议就没有现成的诉讼条例可以适用。在以下案例中，原告和被告是同母异父兄弟，他们各自的父亲很久前已去世。母亲逝世后，他们无法决定怎么埋葬他们的母亲，故向法院提起诉讼。原告本已将母亲安葬在他父亲（即被告继父）的身边，但几天之后，被告将棺材挖出，将其安放在他父亲（他母亲的原配）的坟墓。这是非常新的诉讼案件，法官没有任何类似的先例可以援引，于是法官就把社会规范作为法律依据裁判，如下文：

对尸体的处分一般情况下应按照死者生前的意愿依遗嘱内容进行……符合一般的社会伦理道德标准……一般情况下会得到法律的支持……在死者生前未立有遗嘱的情况下……其尸体应由死者近亲属共同处分……一般情况下亦会得到法律的认可……另一种情况，夫妻一方死亡后另一方再婚，先夫妻的合葬习俗受到法律保护还是后夫妻的合葬习俗受到法律保护？情况比较复杂……因法律没有明确规定……一般应根据案件的具体情况按照社会的一般认识标准区别对待……［某省某市某区人民法院审理黄某某诉张某某其他特殊侵权纠纷案民事判决书，(2006) 贾民一初字第××××号］

法官用了很多的笔墨来书写裁判当事人母亲遗体该如何安置。上文介绍了三个不同的法律依据：遗书、直系亲属的决定以及社会一般认识标准。在本案中既然没有遗愿，直系亲属也无法决定，法官只能依照社会一般认识标准来判决。因为法官的裁判依据没有先例参照，他们本应该为自己对案件的全面分析、用社会认识标准作为法律依据来处理这样的新问题而感到自豪。但是，法官的论点中包含了三个“一般情况”和两个“一般”这样的模糊限制语，这表明了法官的判决也不一定是最合理的，不是最后的决定。使用这五个模糊限制语表明了法官在说理过程中比较谨慎而不是过度自信。①

在中国的司法背景下，法官的谨慎是情有可原的。中国的民法没有明确赋予法官创造法律的权利。法官在处理没有先例的纠纷时必须小心谨慎，否则他们就会被指责误用或者过度解释法律。在遇到这种情况时，他们最好的解决办法也只有征求最高人民法院的意见，然后将其引用到判决中。但是，最高人民法院很有可能因为某个案件没有涉及社会层面的利益

① 法官对该案例的判决处理得到了最高人民法院的承认，并且被刊登在最高人民法院网站上作为正式的先例。

而对官方意见有所保留，或者也有可能出于官方程序问题而将其退回审判法院。在该案例中，法官就得根据自己的分析理解来解决这个新的纠纷，没有援引最高人民法院的意见。法官用“一般情况下”“一般”等词语来排除其他法律专家对其裁判的质疑。为了决定遗体该如何安置的问题，法律明确规定遵照死者遗愿，但是其他两个依据（根据直系亲属的决定或者是社会一般认识标准）都没有法律明确规定。于是用这样的标准作为法律依据肯定需要给出合理的解释。对于法官而言，讨论对比可能的法律依据成了一种新的程序，于是他们在文本中就采用像“一般情况”这种允许出现特例的模糊言语，产生一些修辞距离为自己的话语留下商量余地。

5.4.5.2 对现成可适用法律的解释

在另外一些案例中，法官解释法律时并没有详细分析理由。他们通常的做法只是机械、简洁地解释法律，直接引用法律，而没有考究如何使用修辞，也没在宏观层面联系具体案例解释。这样简洁的解释过程只反映出法官选择这个法律的原因以及法律和案件之间联系的些许信息。在这种情况下，法官的解释是没有模糊限制语的。但是，另外一些案例中，法官没有机械地照搬法律进行解读，而是更偏向于个体的分析和理解。在以下案例中，原告（某作家）和被告（中国某大型出版社）签署了一份图书出版合同。由于书很快就售罄，被告在没有经得原告进一步许可，也没有支付原告再版费的情况下再版了该书。原告上诉法院要求被告偿还再版费，但是被告抗辩称根据合同里的格式条款①，他有权根据市场的需求来再版该书。法院不支持被告理由，如下文：

对格式合同的解释，应考虑到多数订约者而不是个别订约者的意志和利益，以订约者可能平均、合理的理解进行解释……格式合同是由一方制定而非双方商定的，因此各项条款可能是制作人基于自己的意志所作的有利于自己的条款，尤其是条款制作人可能会故意使用或插入意义不明确的文字以损害相对方的利益，或者（可能）从维持其经济上的优势地位出发，将不合理的解释强加于相对方，因此，为维护相对方的利益，在条款不清楚或存在不同理解时，对条款制作人应做不利的解释……［某市某区人民法院审理姚某某诉某出版社出版合同纠纷一案民事判决书，（2004）海民初字第×××号］

① 这些条款不是由当事人协商而定的，而是由一方提出给另一方签名。

法律是这样解释的：

第四十一条　对格式条款的理解发生争议的，应当按通常理解予以解释。对格式条款有两种以上解释的，应当作出不利于提供格式条款一方的解释。格式条款和非格式条款不一致的，应当采用非格式条款。(《中华人民共和国合同法》，1999 年)

《中华人民共和国合同法》第四十一条规定了对格式合同条款的解释。"通常理解"这个模糊的表达给法官对格式条款应该如何解释提供了空间。该条规定的其他部分是很明确、毫无疑义的，法官在解释和应用的时候不应该有难度。对格式条款有两种解释也很清楚："对格式条款有两种以上解释的，应当做出不利于提供格式条款一方的解释。格式条款和非格式条款不一致的，应当采用非格式条款。"

然而在以上案例中法官不仅仅是简单地解释第四十一条。相反，他们仔细分析了两种解释格式条款方法的合法性："可能""各项条款可能是制作人基于自己的意志所作的有利于自己的条款""尤其是条款制作人可能会故意使用或插入意义不明确的文字以损害相对方的利益"。正如 Solan (2005)、Tiersma (2001) 的研究表明，如此解释法律制定者的意图在普通法系国家的法官看来是非常普遍的。但是对判决书的研究表明中国的诉讼实践却非常特别。即使是在上述文段中也可以看出法官非常谨慎，法官用"可能平均合理"这样的模糊限制语来说明他们的分析也不一定绝对，可能会有特例，从而排除了他人对格式条例解释的质疑。

对上述文本细致的法律分析表明法官的意图并不仅对该案件审判分析，法官或许还有其他目的。该判决出自北京市海淀区人民法院合议庭的裁判长宋某。由第 4 章内容"4. 4. 3. 3"的分析可知北京市海淀区人民法院是一个特殊的法院，有国家的支持和信赖，并有良好的法院形象、法官形象。在整个中华人民共和国司法系统中起到示范作用的最高人民法院也承认其特殊的地位。海淀区人民法院不仅裁判具体的纠纷，而且还给中国其他法院提供诉讼范例。再者，正如最高人民法院所倡导的，上述文段中的法官将判决书写得比较有说理性。作者宋某既是合议庭的审判长也是海淀区人民法院知识产权庭的庭长，她被最高人民法院认可为模范法官，而且在中国内地最全面、权威的法律网站（www. chinacourt. org/zhuanti1/songyushui/）开设自己的专栏，该网站是由最高人民法院和中华人民共和国中央政府共同建设的。该法官善于将专业能力和学术能力结合在一起，她除了是一名合格的法官以外，还发表了许多学术文章，对有争议性的问题进行了讨论，例如合同的模糊性、调解方法、法律文化对比以及文化影响诉讼实践等做出了很大贡献。她的文章被中国的法律专家广泛阅读，她的判决书也经常被其他法官在相似的案件中用作参考。该法官的特殊地位使她能够以更具论证性的方式解释法律，她的解读因此读起来也更像学术文章而不是简单机械地应用法律，她需要给法律专家们——律师、法官阐述清楚如何以及为什么要这样解释法律。

5.4.5.3 解释法律

本内容将列举更多法官在“本院认为”这个语步中使用到的模糊限制语手段。法官对法律解释的目的就是将法律应用到分析事实和证据上。在诉讼过程中认定的事实并不代表过去实际发生的事实。这些事实是在庭审过程中由原告、被告、法官共同认定的。法官对原告事实描述的分析是基于对法律的解释以及法官本身的专业能力，这些可以从他们判决书中的模糊限制语中看出。以下的案例在先前的分析中已经讨论过了。原告（某男演员）因受到被告A（某女演员）向被告B（一报社）透露的不实报道的影响而名誉受损起诉两名被告。如下文，法官判定被告B无罪，因为它只是按照A给它透露的信息报道。

> 本院认为：某商报社对周某某举行某小说签售活动时“性交易事件”的报道，来源于周某某的叙述，反映的内容基本真实，在没有对方姓名的情况下也无核实的义务；对周某某主动约见记者，公开当众明确指出其邀请来蓉担当签售嘉宾的影视大腕就是张某某的报道，反映的内容亦基本真实……［某市第二中级人民法院民事判决书，（2003）二中民初字第××××号］

在该文中，法官分析了被告B的答辩。法院认为被告B对被告A提供的信息没有虚假或者是夸张报道。这一点是很重要的事实，因为一旦被予以确认，被告B的责任就可以免除，但是这里法官也没有明确说明，而用的是“基本真实”这个字眼，这表明了法官希望给出的是比较缓和的结论而不是非常强硬的裁判。

像“真实”“完全真实”这样非常肯定的表达由于一些实际的原因不被考虑，因为如果命题太过绝对就很容易被被告A反驳。例如，被告A可以指出任何有可能和报纸报道不一致的话语。法官判被告 B 无罪并不是因为他一字一句地报道了被告 A 的话，而是因为他如实地报道了被告 A 的意思。模糊限制语“基本真实”充分表达了法官对这一点的理解并且避免了被告 A 以后可能的质疑。法官对法律的应用有时候要求他们分析当事人举证的责任。法官需要决定当事人是否正当地履行举证的责任，给出充分支持自己观点的证据。证据当然应该具有客观性，非对即错，但是举证的责任以及对具体证据的证明需要仔细分析和对比。模糊限制语便通常出现在法官对当事人的证据和举证责任的分析与对比中。

在以下案例中，原告（某空调设备有限责任公司）声称它的专利被被告（某科技发展有限责任公司）在某项目中非法使用。被告辩称其工程项目中使用的技术不是原告的专利技术。原告和被告都给法院提供了证据。原告向法院出示了技术专利的文件来支撑其诉辩，而被告只提供了叙述性的证据。其实，被告本可以提供更多有说服力的证据，例如它自己项目的原始文件。但由于这些项目文件是官方记入档案的在建工程，它们比原告提供的专利文件更有说服力。被告拒绝提供这些项目报告文件使得本没那么复杂的庭审变得复杂，而且也提供了一些无法替代的叙述性证据。

以下文段是法官对当事人举证责任的分析：

本院认为某空调设备有限责任公司已经初步证明了某科技发展有限责任公司在某工程中使用被许可专利的事实。某科技发展有限责任公司有义务且更容易举证……其应就其举证不能承担不利后果……［某市高级人民法院审理某空调设备有限责任公司诉某科技发展有限责任公司专利使用合同纠纷案民事判决书，(2007) 一中民初字第××××号］

在这个文本中，模糊限制语出现了两次。法官用它来直接分析和比较当事人应当承担举证的责任以及他们实际履行的责任。在该案件中被告没有提供直接可用的（原始项目文件）证据，而且被告不愿提供这些文件证据的不明动机，使得法官只能根据间接的证据（原告的专利文件）来判决“原告初步证明了”证据，并决定“被告有义务且更容易举证”。法官用了“初步”一词来表明原告提供的证据已经足够支持他的诉辩，用“且更容易”的表达来说明被告应当承担更大的举证责任。于是“初步”和“相对而言”这两个模糊限制语不仅缓和了法官对当事人争议的绝对判断，修饰了争议的命题意义，这和上述法官对事实的分析是一样的。法官使用模糊限制语不仅是因为它能很好地给法官提供展示他们专业业务能力的机会（他们可以避免裁判受到的没必要的挑战和质疑），而且还因为有些具体情况要求使用它。模糊限制语在前者中可用可不用，但在后者中是要求用的。

5.5 结 语

民事判决书作为一种重要的法律体裁，正式结束诉讼并且决定了当事人各自的权利和义务。这种体裁权威性的内在特点要求用语清晰、简洁、不模糊，而且对双方要强制执行判决。当法官在“当事人诉求/辩护”和“法官判决”这两个语步中用不同的数字表达来讨论时间和金钱方面的问题时，更要求语言清晰、简洁，因为哪怕是很小的数值表达错误，都会给专业或者非专业读者的阅读造成困难。孙海龙和高伟（2007，p. 35）研究分析了这样的阅读困难。为了判决当事人各方的权利和义务，法官必须把双方争议分析清楚，特别是双方对抗性的观点。同时，他们还必须为诉讼恰当地选取法律、解释法律。对抗性的争议是双方经历耗时耗钱诉讼过程的原因，所以对双方对抗性观点清晰的理解对法官抓住争议的本质非常重要，这从前面章节中探究“原告诉称”和“被告辩称”之间密切的关系就能看出。中国的法律规定，法官必须在当事人正式开庭审理之前尽力调解纠纷（《中华人民共和国民事诉讼法》第九条和第一百五十五条）。只有当双方的纠纷非常大以致没法调解的时候，法官才会开庭审理。

尽管在中国有全面系统的法律法规，但正如在“本院认为”这个语步中，法官使用的强调性话语和模糊限制语一样，法官要给诉讼案件构建法律依据也非易事。当法律规定非常笼统、不精确，而且对新争议没有可适用的法律规定时，法官可能会遇到许多困难。法官需要自己找出具体的方法或者寻找权威的机构来构建诉讼的法律依据，同时也需要具备相当高的法律修辞技能。

6 民事判决书的连贯性

6.1 简 介

本章主要研究“原告诉称”“被告辩称”步骤以及“本院认为”语步中的连贯性。这里的连贯性指的是能让读者合理理解、明白文本的那些文本特点（Swales，1990b；van Dunne，1996）。民事判决书中的连贯性分析在本研究中非常重要，因为民事判决书是处理当事人人身和财产权利的司法文书。对民事判决书的一个基本要求就是给专业或非专业读者提供一个读起来连贯的文本；而对法官的一个基本要求就是“在书写判决书时避免错误、误导性的观点”（Wang，2009，p. 71）。这一部分将从连贯性的角度研究法官如何书写民事判决书，旨在发现法官如何组织判决书中一些特定的语步/步骤，他们又使用了哪些手段将独立的句子连成了连贯性的文本，如何书写才能读起来连贯，而要获得连贯的阅读体验读者又需要掌握什么样的知识，谁拥有这样的知识。

6.2 “原告诉称”步骤中的连贯

法官通过写明原告在“原告诉称”步骤中如下的内容来转述原告的诉讼请求：

第一，对事实的描述；
第二，对遭受损失的描述；
第三，对要求赔偿的描述。

在这个步骤中，原告对赔偿的诉讼请求被很典型地转化成了一个单句，所以对该句子内部复杂的连贯性分析就非常重要了。如下的分析重点主要研究法官重构原告对事实和遭受损失的描述过程中的连贯性问题。法官在“原告诉称”这个步骤中的连贯性书写非常重要，因为它隐含了对法律事实的简要概括（如第四章分析所示）。对这个语步理解好了有助于对判决书中其他语步/步骤的理解。在判决书中，有的法官在这个语步主要叙述故事，旨在呈现当事人的纠纷是如何发展的以及原告的权益是如何被被告侵犯的；有的法官只是简要罗列原告的主要诉求。为便于本研究，研究者将叙述故事的文本称为情节指向性文本，罗列诉求要点的文本称为要点指向性文本。情节指向性文本主要通过给出尽可能多的和当事人纠纷相关的细节来叙述故事。要点指向性文本不讲故事而只讲和事实相关的原告的诉讼请求。研究发现法官在重构原告对事实的描述过程中既使用了情节指向性文本也使用了要点指向性文本，但要点指向性文本只出现在他们重构对原告遭受损失部分的描述中。

6.2.1 法官重构原告事实描述部分的情节指向性文本

法官在转述原告对事实的描述过程中使用了情节指向性文本和要点指向性文本，但这是对于不同案例类型而言的。情节指向性文本主要是用在当事人为个人的案件中，并且案件涉及的专业领域较少，例如邻里纠纷、顾客权益、家庭纠纷等。要点指向性文本通常用在当事人为公司或者组织的案件中，而且案件涉及更多的专业性领域，例如合同、版权、专利、海事、保险等。如下的分析主要研究的是情节指向性文本。要点指向性文本在接下来的一部分讨论。法官使用情节指向性文本并按时间顺序构建当事人纠纷产生、发展的过程。这种文本由某个开端、发展、结尾构成，而且还包括一系列具体的时间、地点修饰语。读者根据叙述的故事能对原告描述事实有个连贯性的理解。如下案例在先前章节有所探讨，原告（一名乘客）在坐被告经营的一辆长途汽车的旅途中丢失了其携带的父亲的骨灰盒，他认为被告对其损失应负责任，如下文所述：

原告高某诉称：2006 年 8 月 29 日，原告携带父亲骨灰盒，乘坐第二被告以第一被告名义经营的甘 G×××××号由 A 市开往 B 市的长途汽车，按照被告票员的要求将骨灰盒放在车底货仓，8 月 30 日早晨，被告的车到 B 市后，原告下车取骨灰盒时却发现不见了。原告按照被告的意思，发广告并多次花去交通费、住宿费，往返于 A 市至 B 市及 B 市各县寻找骨灰盒，但没有结果。原告丢失了寄托父亲哀思的骨灰盒后，精神恍惚抑郁，受到严重伤害。故起诉要求被告赔偿……［某区法院审理原告高某与被告某汽车运输有限责任公司、田某赔偿纠纷一案民事判决书，（2007）甘民初字第××××号］

法官重构的该故事充分包含了细节信息，读者能够看到纠纷发展的先后过程。该文本的连贯性通过一致的言语得以实现：句子都是主动陈述句，而且大多数都是以原告作为施事者。每个独立小句中的动词也暗示了事故发展过程中一些关键的时刻：携带（父亲骨灰盒）—上车—放（骨灰盒）—下车—发现（骨灰盒不见了）—按照（被告的意思）—花费—往返—没有（结果）—要求（赔偿）。这些动词就像一条语义链把事故发生的四个阶段连接起来：①他（原告）携带他父亲的骨灰盒搭乘被告运营的汽车；②他下车发现父亲的骨灰盒不见了；③他按被告的意思（“花费交通费、往返”）寻找骨灰盒；④他的努力是白费的而且花了他很多钱。法官这段话主要是确定原告对被告的责备。原告父亲的骨灰盒丢失就是因为被告没有履行运营商的责任，而且原告听从了被告不恰当的建议，导致随后的努力寻找是徒劳的。尽管这个文本是原告对事实的描述，只是反映了原告的经验和遭遇，没有涉及被告的行为，但是这样也能反映出原告缺乏坚实的证据将责任推卸给被告，否则他就不会用这些证据来支持自己的诉求。原告对被告不确切的、笼统的归罪（“按照被告票员的要求”“原告按照被告的意思”）再次强化了他没有充足证据这个假设。

在判决书中，法官对日常纠纷常常书写笼统，对这种现象有专家提出以下观点：

民事诉讼中我和我的同事都会遇到许多关于日常生活的一些纠纷，比如邻里之间的争吵，轻微的交通事故，轻微的人身伤害，等等。我们谈论或讲述这些纠纷的时候，写作的目的并不仅是报告一下纠纷的发生过程。我们写作的每句话都表述了我们对具体的法律或事实问题的专业理解和分析。遣词造句上也许我们会有些差别，但大家都认为不管是专业还是日常的纠纷，律师的写作都应该讲究策略，都应该有一定的目的。

法官转述后的这个文本连贯性很强，因为所有的句子都包含了同样的主语（原告），而且对动词的选择也非常一致，它们都按时间顺序编排。法官在这里为了让专业或非专业读者避免分歧，没有使用其他主语，而且也未涉及法律性的概念或问题。于是读者就能很容易看明白法官想要表达的连贯意思。虽然如此，但在这里，不能说法官重构原告原文的时候没有使用修辞和法言法语，从主语和动词的仔细选择和使用中就能看出法官是匠心独运的。高云将这种法律书写策略进行了分类和详细说明（2009，

p. 198）。以上这个文本是情节指向性文本，因为法官特别希望非专业读者能读懂这份判决书，而且这个案件的纠纷不是专业性的问题，而是非专业读者们所熟悉的内容。尽管该文本的修辞和同一份判决书中其他部分有些许不同，但其实也一样合法化。法官书写的每一个句子都反映了他们对原告事实描述的理解和分析。

6.2.2　法官重构原告事实描述部分的要点指向性文本

如第5章分析所示（5.4），原告在他们对事实的描述中可以选择探讨如下问题：原告自身、被告、原告和被告两者。

当然每一种选择都有一定的原因。当原告选择探讨被告和他们自己的行为时，原告或许会完全了解纠纷是如何引起和发展的，而且他们也能进一步提供证据来证明。当原告只探讨他们自己，他们或许会对被告的行为了解不够，或者缺乏证据证明。当原告只探讨被告时，或许是因为他们有充足的证据来支撑自己对被告的诉求并说服法官。尽管理论上原告可以将自己的过错写进去，但实际上几乎没人这么做，他们只会在自己对事实的描述中讨论被告的过错，因为显然原告自己有错就不会提起诉讼了。先前部分探讨了原告对自己这一方的讨论，故本小节探讨当事人双方，即原告和被告，以及只涉及被告的情况。

6.2.2.1　对原告和被告的讨论

当案件涉及一些专业领域如“海事”“合同”“专利”“保险”“版权”等法律问题时，在“原告诉称”这个步骤中，法官就用要点指向性文本来呈现原告对事实的描述。在这些案件中，法官的这种常见做法主要确定并汇报原告重要的诉讼请求，而不是像之前举例的叙述故事。在如下案例中，原告和被告签署了一份合作合同。签订之后，被告拒绝履行合同义务，这给原告造成巨大损失。原告对事实的描述如下：

原告某公司诉称：2001年9月25日，某公司与某农场和某村经济合作社签订了合作合同，某农场和某村经济合作社以土地投资，某公司负责其他全部投资，合作经营某区32.4亩土地。某公司投资做了大量前期准备工作，并委托有丰富经验、资质的技术服务企业做了大量前期技术服务工作，某农场、某村经济合作社拒不履行合同义务，不出具土地方应出具的规划、转制等手续，并于2002年4月12日，以低于同某公司的合同很多的价格，与其他公司另行签订了合作合同，给某公司造成损失。[某市第一中级人民法院审理某公司诉某农场合作合同纠纷案判决书]

非专业读者可能会觉得这个文本不容易读懂，因为它探讨的是与合同法相关的专业内容，句子之间的联系并不容易辨认出来。从法官对动词的使用中似乎看不出连贯性：签署—土地投资—负责—做了—拒不。尽管包含这些动词的独立小句基本上都很好理解，但是非专家读者并不容易察觉出这些动词之间的内在联系。

这里，法官主要通过对小句主题的选择来获得连贯的文本。为了理解文本的连贯性，读者应该研究每个独立的小句主题是如何选择的，并通过研究主位来看它们是如何连接起来的。根据 Halliday 和 Mattiessen 的观点，主位就是“出发的点”，暗示了句子的主题；小句的另一个部分就是述位（2004，p. 64）。在本研究中，中文句子开头的单词和短语被拿来当作主位，紧跟主位的部分是述位。对主位的研究能帮助我们确认作者在具体文本中的主要诉讼请求，以及他们在组织这些文本过程中的顾虑。在上文中，法官为了呈现一个连贯性的结构，仔细选择小句主题，并将这些独立小句的主题合理编排。这个连贯性的结构可重新构建如下：

（第一句）X 和 Y、Z 签订合作合同……
（第二句）Y、Z 负责……
（第三句）X 负责……
（第四句）他们（X、Y、Z）合作经营……
（第五句）X 做了大量前期准备工作……
（第六句）Y、Z 拒不履行……

在这个重新构建的框架中，每个小句的主位、述位都由两个垂直链构成：X—X—X，Y/Z—Y/Z，这表明法官在书写过程中确实使用了修辞策略。原告（X）和被告（Y、Z）交替出现，每个和原告相关的描述都跟着一个和被告相关的描述。从这个文本的内容可以看出，前四个句子主要描述了合同争议，最后两个句子对比了当事人双方履行各自合同义务的意图。

第一句话是整个文本的主题句，这个位置通常就是法官用来介绍当事人（X、Z、Y）和纠纷（合作合同）的。第二、三、四句汇报了合同纠纷的内容。第二句是被告成立、管理企业的主要责任；第三句是原告的责任。因为纠纷是发生在当事人开始履行义务的不久后，故他们管理的权益并没有仔细汇报出来，而是简要概括成了一小句（第四句）。

第五、六句不只是简单地归罪于被告，而是别有考究。从语言学的角度看，第五句的主位是X，第六句的主位是Y和Z。在第一句中就体现了这两个主位的联系，而且这也表明法官想要对比这两个主位。从语言学上理解连贯性并不准确，因为它不能解释责任的归属是如何实现的。为了体现原告隐晦地归罪于被告，就要考虑这两个句子的内容，包括准备工作、合同、委托、有丰富经验、资质的技术服务企业、前期技术服务工作、履行合同义务、出具土地方应出具的规划、转制等手续。再者，还需要注意到原告（X做了大量前期准备工作）和被告（Y和Z拒不履行合同义务，不出具土地方应出具的规划、转制等手续，并与其他公司另行签订了合作合同）的区别。从中我们可以看出原告花费了大量的精力，履行了合同义务，但发现被告不是这样做的。法官仔细选择了这些句子主题（主位）来重构原告对事实的描述，使之具有连贯性。这样的连贯性文本正是反映了原告的私人意图——责备被告，以及公众意图——根据他的理解描述事实（Bhatia，2004，p. 145）。同时这也证明判决书虽然是高标准化、结构化的体裁，但专家们仍有很大的空间去展示个体化和差异化。

6.2.2.2 只讨论被告

有些原告在对事实进行描述时只涉及了被告，因为他们坚信有充足的证据证明自己无辜而被告有错。例如，被告或许在原告不知情的情况下侵犯了他的权益，例如版权被侵犯、专利被非法利用、财产被偷盗。在这些案件中，原告都是“非主动的”，他们的权利总是被动地受到侵犯，所以对他们的行为没什么可说的。尽管原告或许没办法阻止纠纷的出现，但是他们可以在诉求的过程中只探讨被告的行为，只要他们说的都是事实即可。在以下案例中，原告是中国著名的作家，他的许多小说在二十世纪八九十年代非常流行。被告（Y和Z）未经得原告授权同意出版并发行了原告的一些小说，而且在原告起诉法院前也未支付原告报酬。以下例文就是法官对原告事实描述的改写：

原告李某诉称：2000年4月，被告某某图书公司发行、被告某某摄影出版社出版的《××××》系列丛书。该丛书之《××》单行本，署名巴某，共收入原告创作的作品30篇。被告某某摄影出版社未经原告同意，擅自将原告创作的散文作品汇编成集并出版发行。该书的书名、选目和编排都不符合原告的意愿。被告某某摄影出版社的行为侵犯了原告依法对其创作作品享有的著作权中的使用权和获得报酬权，给原告造成了物质上和精神上的损失。[某市第一中级人民法院审理李某某诉某某摄影出版社、某某图书有限责任公司侵犯使用权和获得报酬权纠纷案民事判决书,(2000)一中知初字第××××号]

该例文是典型的要点指向性文本,没有任何叙述。每个独立小句的动词表明了法官是如何用这些小句来呈现被告侵权(违法)行为的。以下结构可看出法官是如何连贯地重构该语篇的:

(第一句)被告Y发行……
(第二句)原告创作的作品30篇……
(第三句)被告Z汇编成集并出版发行……
(第四句)未向原告支付报酬……
(第五句)书名、选目和编排都不符合原告的意愿……
(第六句)被告的行为侵犯了……给原告造成……损失……

仔细阅读发现,该文六个小句中的四个句子(第一、三、四、六句)都探讨了被告的行为,只有其他两个小句(第二、五句)讨论了原告的行为。对汇报原告行为都一致地选了简单主动句,直接、不含糊,这也体现了法官深知原告对被告归罪的意图。但是,对原告的讨论就只有两句被动句(第二、五句),这两句话由无生命主语("原告创作的作品30篇,书名、选目和编排都不符合原告的意愿")开头和选择被告作主语是一致的,它表明了原告对被告出版他的小说这个行为极其不满意。

如果第二、五句通过用原告作主语变成主动语气,法官想表达的修辞效果就不同了。这或许对文本的命题意义毫无影响,但是法官呈现在这个重构文本中的原告责备被告的强烈意图就会缓和很多。在上文中的每个独立的小句都汇报了被告侵权(违法)行为的一个具体方面。例如,第一句汇报了被告Y发行非法翻印的书牟利;第二句表明了由Z出版的小说其实是由原告撰写的;第五句说明了这些有争议的书的出版编排都没经原告授权。对这些和被告相关的主位以及行为动词一致的选择表明法官对原告事实的描述是合法的,也反映出他们尽量在重构当事人描述的过程中写出连贯的、可读性高的文本。从法官拒绝使用原告作为主位也可以看出他们意识到原告想表明自身在纠纷中无辜的意图,就是所列的被告的行为违反了法律才给原告带来了损失。当原告在描述事实时只讨论被告,法官在判决书中重构他们的诉求时也只会涉及被告。如果在其他地方有必要讨论原告，法官就会用被动句，把原告作为主位介绍。这不仅使得主位（句子主题）的选择一致、具有连贯性，还强调了原告希望把自己描述成受害方而被告是犯错误方的意图。

6.2.3 法官重构原告描述损失中的要点指向性文本

在“原告诉称”这个步骤中，法官在转述中也需要重构原告对遭受损失的描述。为了直接描述他们遭受到的损失，原告通常汇报他们的损失和被告行为之间的关系是不是偶然的。原告的书写强调的是这种因果的关系，而不是遭受到的损失，这在法官重构的文本中也能看出。以下例子是先前援引过的食品安全案例。原告在被告经营的酒楼因吃了加工工艺不当的食品而严重生病。法官对原告描述损失的重构如下：

表 6－1 “原告诉称”步骤中原告对遭受痛苦的描述

<table>
<tr><td>遭受痛苦的描述</td><td colspan="2">事发至今，原告不仅承受着身体上的剧烈疼痛及药物治疗带来的副作用，更是由于……给原告精神上造成无法弥补的伤害……</td></tr>
<tr><td rowspan="3">原告遭受的痛苦和被告行为之间的联系</td><td>后经查，被告……加工工艺不当……是导致原告无辜染病以及引发本次“重大突发公共卫生事件”的原因所在</td><td>第一句</td></tr>
<tr><td>被告作为食品生产经营者，是食品安全的第一责任人，保护消费者的食品卫生及安全是生产经营者的法定责任</td><td>第二句</td></tr>
<tr><td>在本案中，被告的过错行为导致原告损害事实及结果的发生，严重侵害了原告的人身权利</td><td>第三句</td></tr>
</table>

一些特定的文本特征使得该文本非常专业化和法律化。例如，没有表达“做”的语言例子，除了“原告”“被告”外也没有个人指代表达。其他指代性的表达都非常的笼统，像“后经查”“加工工艺不当”“过错行为”。大量使用“思想性”语言表明文本所讨论的问题是非常具体的（Bhatia，1993，p. 161），而且也是法官专业性思考和分析的结果。

该表表明法官在重构当事人诉求的时候尽量使用了修辞策略。该文的内部结构也具有连贯性，包括对原告遭受到的痛苦的直接描述以及对遭受痛苦和被告行为关系的因果联系汇报。法官把大部分的笔墨都放在了汇报这种因果联系之上。而使用指代性表达也意味着第一、二、三个句子不是平行关系的，它们是由一般到具体的。每个句子都提到用不同名词性话语表述的被告的行为，如：重大突发公共卫生事件、是食品安全的第一责任人、被告的过错行为。对这些名词性表达的不断变换表明了原告成功地归罪于被告。首先，法官使用“重大突发公共卫生事件”直接定义了被告行为的法律本质，这不仅侵犯了原告的权益而且还有损社会利益。如果该证据被法院予以认可，这是法官判决原告获得更高赔偿金额的充足理由。其次，在定义了被告的行为后，法官接着讨论的是被告的责任（“是食品安全的第一责任人”），这重申了原告的诉求——被告应该是整个事故负责人，不应有任何借口。被告是酒楼经理，应该对酒楼的食品安全负责任。哪怕第三方——例如食品供货方，或许是导致食品安全事故的原因，但被告也应该承担赔偿原告的共同责任，因为原告或许还会提起对供货商的诉讼。最后，法官以“被告的过错行为导致原告损害事实及结果的发生，严重侵害了原告的人身权利”结束了该语步。而若没有前两个句子的合理解释，这个结论是不成立的。由此可知，法官在重构原告诉求的这个文本时是小心谨慎的。每一个句子都由逻辑、推理内在地连贯起来，而不是简单使用照应或连接表达等衔接手段。法官这里想表明他们在分析、书写原告对遭受痛苦的描述中以及在呈现原告遭受痛苦和被告行为之间偶然联系的过程中，都展示了他们的法律专业水平和修辞策略的使用。而这对于专家或非专家读者阅读以上连贯性的文本、对讨论的领域和法律的了解也非常有必要。

6.3 “被告辩称”步骤中的连贯

该研究中，不管被告是对原告事实描述的答辩或是对他们诉讼请求的答辩，没有一个法官转述被告辩称时使用了情节指向性文本。法官通常关注的是被告有异议的点并重点解释它们。如第五部分（5.3.2）讨论所示，法官总是将“原告诉称”和“被告辩称”这两个步骤写得关系密切。尽管原告和被告会对争议事实有各自的理解，但是法官在重构这两个步骤过程中没有将其分开。相反，法官在“原告诉称”这个步骤中都会分析探讨当事人双方的观点，这是他们的惯例做法。于是，要想对“被告辩称”这个部分有连贯的阅读体验，就要求读者明确这两个步骤之间密切的关系。

由于在这个语步中法官既不是写法院认定的事实也不是写被告描述的事实，所以他们很少用情节指向性文本。在这个步骤中，法官只是对被告辩称进行分析，包括主要的答辩观点、被告不赞同原告诉称的地方。法官在这部分通常会详细列举这些观点，而且这些文本从语言学上看来都高度连贯。[①] 然而，有时专业或非专业读者或许并不能看出这些观点之间话语的连贯性，因为法官似乎总是想当然地认为读者能通过先前判决书中出现的上下文背景连贯性地理解这些单独的观点。White（1995）、张琪（1999）和苏力（2001a）在研究中探讨了法官在判决书中预设背景知识的问题。如果专家或非专家读者不能提取预设的背景知识，他们就无法连贯地理解法官在这个步骤中书写的文本。当他们在写具体不同案件中“被告辩称”这个步骤时，总是预设读者知道一些社会知识和法律知识。下面两小节将研究预设的社会知识和法律知识，会给专家或非专家读者在试图抓住这个步骤中的连贯话语过程中带来什么样的困难。

6.3.1 法官对社会知识的预设

该小节引用发生在日常生活中的典型纠纷，通常只要向非专业读者稍加解释一下案件涉及的社会性知识他们就能理解案件。在下面引用的案例中，原告在被告经营的超市购物时被沸水烫伤。事故后，被告将原告送至医院，但原告伤势非常严重，住院了几个月，这给她造成了身体和精神上的创伤。伤势恢复后，原告向法院提起上诉要求赔偿损失。被告的答辩如下：

被告某食品公司辩称：1. 我公司对给赵某造成的损失表示道歉……赵某所述的损害事实虽然存在，但损害的过程有出入……赵某的法定代理人也应承担一部分责任。2. 损害发生后我公司员工积极陪着赵某买药、看

---

① 为了研究“本院认为”语步中的连贯，研究者借用了第三部分中探讨的连贯性概念并提出两个层次的连贯：语言学连贯以及话语连贯。在本研究中，语言学连贯指的是一个文本在逻辑上通过衔接手段构成。话语连贯指的是在语言学上连贯的文本恰好满足了情境要求的目标。例如，“本院认为”这个语步本来就要充分展示法官推理的过程，但当法官在书写这个语步时，有可能只能粗略地、不精确地构建一个语言学上衔接得很好的文本，这样并不能揭示法官的推理过程，这是话语连贯性非常低的表现。

病，尽到了相应的责任。3. 我公司同意赔偿赵某的合理损失，但赵某需要提交证据证明相应的损失……赵某要求的交通费应有正式票据。原告赵某没有误工，因此其要求的误工费实际应是护理费，又因营养费需有医疗机构出具的证明，故我公司对于赵某要求的误工费及营养费不予认可……[某市某区人民法院审理原告赵某与被告某联合商业投资有限公司、某食品有限公司一般人身损害赔偿纠纷案民事判决书，（2007）通民初字第××××号]

法官重构的这个文本非常确切、详细，预设了专业或非专业读者理解文本时应具备的社会知识。三个主题小句强调了被告对原告诉称的反驳，而且这不是通过动词性的话语，而是通过对被告行为的汇报："我公司对给赵某造成的损失表示道歉—损害发生后我公司员工积极陪着—我公司同意赔偿赵某的合理损失"。这三个行为简单易懂，但要抓住它们之间的内在连贯关系就需要花一些功夫了。"表示道歉"这个行为表明被告承认给原告带来损失的责任。这里预设的社会性知识是尽管有必要口头道歉，但是对于很严重的错误是不够的，还需要物质上的赔偿，例如立即停止伤害行为、弥补可以恢复的伤害、替换损害的财务，以及金钱补偿。在这个案件中，被告的行为给原告生理上和精神上带来了极大的损害，原告希望被告能够采取合理的行动，而不仅仅是口头道歉。在上文中接着就进一步提出了弥补的方法。首先被告立即采取的补救措施就是把受伤的原告送至医院治疗。随后的弥补就是被告答应合理地赔偿原告的损失。这两个补救再加上口头道歉就能充分地弥补被告的过错。通过呈现被告这些自愿的补救行为，法官想说明被告首先认为原告不应该提起诉讼，因为他已经在适当地处理这个问题了。

法官重构的这个文本也带有被告避免受责的意味。"表示道歉"表明了被告承认原告归罪，但"损害的过程有出入……赵某的法定代理人也应承担一部分责任"也表明被告试图回避责任。在这短短一小段话中，开始承认错误和随后回避错误的对比表明法官能够清楚地抓住被告的主要辩称观点以及它的意图。对错误的承认在先是因为它表明了被告是对社会负责任的公司，勇于承担它的责任。当然，被告没有放弃它合法规避不合理指责的权利，"我公司同意赔偿赵某的合理损失"表明它不愿意接受没有合理证据支持的无理要求。总之，法官重构被告辩称的这个文本通过三个清晰的要点简洁明了。虽然这个要点指向性文本的语言学连贯很容易分析，但是话语连贯却没那么容易，因为专家或非专家读者不仅需要参考同一份判决书中的“原告诉称”这个部分的内容来获取（关于这个案件事实的）背景信息，而且还因为法官在要点指向性文本中预设读者需要知晓一些社会背景知识。为了理解这三个重构之后的答辩观点之间的连贯关系，读者需要提取法官预设的那些社会背景知识。例如，他们应该知道犯错误的人应该如何做，应该如何补救受害人，以及当今高度商业化时代下企业如何利用一切机会，甚至是犯错的诉讼在公众面前展示其责任心。这样的知识或许不是法律性专门知识，但是它要求读者清楚地认识到当事人纠纷发生在什么领域，对于局外人——即对于不是诉讼参与各方的专家或非专家读者而言什么是确实全新的信息。

6.3.2 法官预设的法律知识

当案件涉及专业性的领域，例如海事、合同、专利、保险、版权以及行政等的时候，法官对被告辩称的重构过程就会预设着一些法律性知识。这种情况下，为了对“被告辩称”这个步骤有个连贯性的理解，就要求专家读者掌握这些预设的法律性知识。在以下案例中，被告被指控侵犯了原告的专利权。例文中的被告提供了两个主要的观点来答辩原告：

被告某公司答辩称：首先，涉案专利不具备新颖性和创造性，不应获得专利权。被告已就此向国家知识产权局专利复审委员会提出了宣告该专利权无效的申请。其次，本案被控侵权物与原告的专利有实质区别，不构成对原告专利权的侵犯。因此，请求驳回原告的诉讼请求。[某市第二中级人民法院审理某通用设备科技有限公司等诉某科技有限公司侵犯专利权纠纷案一审民事判决书，(2007) 二中民初字第××××号]

该文由两个答辩观点组成，它们互相之间没有明确关联。实际上，即使是单独的答辩观点，高度专业化的专利问题术语也非常难理解。读者日常生活中的社会背景知识并不够，于是法官这部分的书写预设的是要懂得一些专利法的专业知识。

在上文中，话语标记“因此”暗含了以上两个答辩观点都被法官用来支持最后的结论（“请求驳回原告的诉讼请求”），但是要理解一些专业性的问题就困难了，例如：为什么一个技术如果不具备新颖性和创造性就不应获得专利权、为什么本案被控侵权物与原告专利有所区别就能请求驳回原告的诉讼请求，以及为什么第一个答辩要在第二个答辩之前。这些问题有的涉及内容，有的涉及修辞。例如，为了理解第一个答辩“涉案专利不具备新颖性和创造性，不应获得专利权”，我们有必要知道《中华人民共和国专利法》（2000）中的相关条款：

第二十二条 授予专利权的发明和实用新型，应当具备新颖性、创造性和实用性。

该条规定某项技术获得专利权的基本条件，其中包括“新颖性”“创造性”“实用性”，缺少其中任何一点都会使得技术的专利是无效的。被告反驳原告称他的专利没有“新颖性”“创造性”来挑战原告诉称基本的合法性。

如果原告的专利不具备申请专利权的条件，那么庭审的焦点就会由法庭是否应该支持原告诉讼请求变成是否应该取消其专利权的问题了。这个转变能合法地将被告从现有起诉中解脱出来。哪怕质疑原告专利是否合法的过程最后是徒劳的，被告其他的答辩观点也不会受到影响。于是被告针对原告某个具体的诉称的第二个答辩观点紧随其后（“本案被控侵权物与原告的专利有实质区别，不构成对原告专利权的侵犯”）。相应地，对这个答辩的理解就要求掌握一些专利保护的基本知识：

第十七条 ……专利权的保护范围应当以权利要求书中明确记载的必要技术特征所确定的范围为准，也包括与该必要技术特征相等同的特征所确定的范围。

等同特征是指与所记载的技术特征以基本相同的手段，实现基本相同的功能，达到基本相同的效果……［最高人民法院关于审理专利纠纷案件适用法律问题的若干规定（2001 年 6 月 19 日最高人民法院审判委员会第 1180 次会议通过）法释（2001）21 号］

该条规定了专利权的保护范围是由“必要技术特征”所决定的。这个“必要技术特征”包括在正式的专利文件中明确登记的特征以及没有记载但是和“必要技术特征”相类似（与该必要技术特征相等同）的特征。这种对等同的规定在决定被告是否非法使用了原告的专利权时至关重要。上文表明被告试图证明原告的专利权没有受到侵犯，而且他使用的专利和原告登记的“必要技术特征”不等同于“本案被控侵权物与原告的专利有实质区别”。

由此可知，在这个要点指向性文本中的这两个答辩不是随意写的，而是具有连贯性的。法官用第一个要点来表明被告希望在诉讼刚开始就能结案。如果不被法院予以肯定，那么第二个要点仍然质疑原告的某些诉辩。简单通读这个文本是不能得出这样具有连贯性的理解的，因为法官在此预设了一些专门的法律知识，即关于专利法的知识。对文本连贯性的理解要求以读者能读懂这些知识为前提，而非专业读者或许是做不到的。

6.4 “本院认为”语步中的连贯

“本院认为”这个语步通常总是以要点指向性文本书写，主要是法官对一些显著并且互相关联问题的探讨。在这个语步中，法官要同时完成以下三个任务：第一，解释法律；第二，将法律运用到原告、被告的争议上；第三，给出法律意见。

由于这些问题都需要详细分析和论证，故法官在这个语步既不适合也不可能用情节指向性文本讲述。本小节有待研究的问题包括法官是如何把他们完成的这三个任务写成文本的，他们以什么样的方式使之连贯地连接起来，这些连贯的典型模式是什么，这些模式有什么样的变体，以及读者如何能够获得一个连贯的文本阅读体验。法官书写的这个语步具有连贯性不是因为他们明确使用了一些衔接手段，而是因为他们恰当地完成了这三个任务。然而，他们不会总是在某些案件中完成这三个任务。如果这三个任务都同时完成，那么法官的书写就具有非常高层次的话语连贯，而当某个任务被法官忽略了，判决书的话语就不连贯。

为了分析这个语步中的连贯性，我们将语料库中的案例分成了以下三种类型：第一，原告胜诉①：被告违法、被告违反合同规定。第二，被告胜诉：原告诉称不合理、原告提供证据不充足。第三，当事人无一方胜诉。

如前文所述，原告胜诉要么是因为被告违反相关法律，要么就是他们违反合同。而被告胜诉的原因或是原告的申诉不合理，或是原告没有足够的证据来支撑自己的诉称。根据案件的类型以及法官需要在“本院认为”

① 在诉讼中，当事人不管是原告还是被告，都很少有在所有方面胜诉的，更常见的是一方在一些方面获胜，另一方败诉。只要当事人实现了诉讼的主要目的，就可以说他胜诉了。

这个语步中完成的三个任务，该语步的连贯性研究结果如下表：

表 6 - 2　法官在不同类型案件中书写“本院认为”语步的连贯性

案件类型		法官完成的任务	法官忽略的任务
原告胜诉	被告违法（被告在法律上规定的义务）	1. 解释法律 2. 只将法律运用到和被告相关的问题上 3. 法官的法律意见	将法律运用到和原告相关的问题上
	被告违反合同规定（被告受合同制约的义务）	1. 解释法律 2. 将法律运用到和原告诉称以及法官的法律意见上 3. 将法律运用到和被告的行为以及法官的法律意见上	无
被告胜诉	原告诉称不合理	1. 只将法律运用到和原告相关的问题上（分析和原告相关的事实、给出不采纳原告诉称的理由） 2. 法官的法律意见	1. 解释法律 2. 将法律应用到和被告相关的问题上
	原告证据不充足	1. 将法律运用到和原告诉称以及法官的法律意见上 2. 将法律运用到和被告诉称以及法官的法律意见上	解释法律
无一方胜诉（当事人对各自的损失负责）		1. 将法律应用到和承担更多责任的当事人一方相关的问题上以及法官的法律意见 2. 将法律应用到和承担较少责任的当事人一方相关的问题上以及法官的法律意见	解释法律

由此可看出，法官会根据案件的性质来决定包括或省略哪些任务。在五种类型的案件中，法官并没有把三个任务都写进每一个案件。总之，判决书中的话语连贯性是根据法官对任务的完成和省略而变化的。在这个语步中，法官完成的任务越多，判决书就越连贯；而法官省略的任务多，话语就没那么连贯。而且，研究进一步发现，对某些特定任务的省略通常是所有法官专业实践中的惯例做法，而不是单独某个法官的个体偏好。在下面，我们将分析这五种类型的案件问题，研究为什么法官要在某些案件中

省略特定的任务，省略多少会影响到判决书的话语连贯性，以及法官为了提高他们在这个语步中书写的话语连贯性，可以采取哪些具体的措施。

6.4.1　“本院认为”：原告胜诉

当法院认可原告的诉讼请求以及判定被告违反相关法律或者争议合同时，原告胜诉。① 相应地，法官在民事判决书“本院认为”这个语步中还需要处理被告的法律以及合同责任。本研究发现，根据上述案件类型的不同，法官们在处理被告的法律责任时对这个语步的书写变化相当大，而在处理合同责任的过程中，这个语步的书写却非常一致。在两种情形下，判决书的连贯性是通过这三个要完成的常规任务——解释法律、应用法律、给出法律见解同时出现而实现的，并不是通过使用连贯性手段实现的。如下内容将分析法官在讨论被告的法律责任时是如何尽力将判决书书写连贯的。

6.4.1.1　法官对被告法律责任的探讨

当法官在“本院认为”这个语步中探讨被告法律责任时，如分析的判决书所示，他们会通过两种不同的方式来完成三个常规任务的书写。首先，一些法官解释法律、应用法律来评价并分析被告的侵权（违法）行为，最后给出法律见解。当法官在给出法律见解时就会出现不同的书写，他们的意见或和原告的诉讼请求相关或和被告的行为相关。其次，其他法官似乎只写出了两项任务：应用法律和给出法律见解，省略了对法律的解释。这样书写判决书是不具有话语连贯性的，因为专业及非专业读者都不知道法官意见的法律基础是什么，给出的意见就没有充分的解释、论证支持。

在以下案件中，原告的女儿被其男朋友在被告经营的酒店中杀害，该谋杀直到案发七天后才被发现。在这起民事案件中，原告提出诉讼请求，声称被告并没有履行作为酒店经理的责任去阻止谋杀案发生，而且也没有及时发现案情。以下文本仔细说明了法官是如何解读法律以及将其应用到分析被告义务上的：

---

①　这就是一个民事案件，要么是民事侵权行为（即违法行为），要么违反签订合同。相应地，被告败诉或是因为他们的侵权行为，如违法行为，侵犯了原告的权利，或是违反了和原告共同签订的合同要求。

表 6－3 原告胜诉案件中“本院认为”语步的连贯性

解释法律		本院认为，因第三人侵权导致损害结果发生，安全保障义务人有过错的，应当在其能够防止或者制止损害的范围内承担相应的补充赔偿责任
应用法律	违反某个具体法律	被告作为宾馆经营者，对旅客负有安全保障义务，并应该遵守《旅馆业治安管理办法》及《北京市实施〈旅馆业治安管理办法〉细则》的规定，如……
	应用法律	本案被告在发现陈某退房后留宿其女友魏某的客房，未按照《旅馆业治安管理办法》及《北京市实施〈旅馆业治安管理办法〉细则》规定采取管理措施，违反了该规定，在防范问题上存在过错。……被告存在疏忽大意的过失
	结论	在陈某杀害魏某的事件中，被告没有尽到安全保障义务，应当在其能够防止或者制止损害的范围内承担相应的补充赔偿责任
法官意见		现原告以被告没有尽到合理限度范围内的安全保障义务、陈某无财产可供执行为由，要求被告承担补充赔偿责任，理由正当，本院予以支持。但原告要求被告赔偿应由陈某赔偿的全部损失，要求过高……具体赔偿数额，本院酌定

该文本中，法官完成了三个常规的任务：解释法律、应用法律分析被告的侵权（违法）行为、给出对该行为的法律见解。对法律的解读包括两个总的法律原则（上表中的“解释法律”部分）以及具体的法律（上表中的“违反某个具体法律”部分）。为了从探讨具体案件问题中区分开对法律的解释，法官在上文中使用了泛指的名词性指示语，这些表达不仅仅限制于该案件的当事人。例如，在这个语步中的其他部分会出现一些具体的指代性名词词组，像“被告”“原告”，只有当法官需要探讨到总的法律原则时他们才会使用到泛指指示语，例如上文中的“损害结果”“第三人”“安全保障义务人”。这种从具体到一般的用语转变使得法官能将诉讼当时的案情暂时放下，而创造出一个能表达他们对某个法律问题、具体法律、和社会准则相关总体理解的文本空间。

在这个文本中，法官表达了他们对法律准则的理解：当损害由第三方造成时，受害方、侵权方（第三方），以及对受害者的安全负责任的一方之间应该如何承担责任。对这个准则的解释非常重要，因为被告是酒店管理者，在他的酒店里有人被谋杀了，尽管被告没有卷入谋杀案，但他也被指责没有恰当地履行他的责任来保护顾客的安全。正如上文本所示，法官认为被告应该对顾客的死承担一定的责任（“被告作为宾馆经营者，对旅客负有安全保障义务，并应该遵守……”）。接着是法官对被告侵权（违法）行为（上表中的“应用法律”部分）的分析。法官都用了相同的主语——“被告”来书写每个句子的开头，这就使得这个部分读起来像一系列排比的句子。然而，其实在法官这样的分析中是有一定内部结构的。例如，该文本在小句主位的选择上是一致的（“被告”），分别由四个明确的和两个暗含（“及”之后）的主位：被告—及（被告）—被告—被告—被告—及（被告）。这六个小句分别由总体（前两个“被告”）到具体（中间两个“被告”）再回到总体（最后两个“被告”）。第一个小句写的是应用法律的结果（“被告对旅客负有安全保障义务”），第二句引用了两个相关政府规定。中间两个小句详细介绍了被告的责任，其中包括被告在发现陈某已经退房后仍然待在魏某的房间里，他没有将陈某驱逐出酒店，没有采取合理的措施来保护魏某不被杀害，而且在好几天之后还没有发现尸体。这些详细的说明给法官在前两个句子的说理中提供了充分的内容；否则，法官的论说就很笼统没意义了。在援引了相关条例并将之运用到事实后，法官在最后两个小句中给出了他们的权威判定（“被告没有尽到安全保障义务，应当承担相应的补充赔偿责任”）。

在该文本中，法官选择对和原告诉称相关的内容给出法律意见：“原告要求被告承担补充赔偿责任，理由正当，本院予以支持”，该意见在前述理由基础上是明确且有说服力的。然而在“本院认为”的第二部分（“但原告要求被告赔偿应由陈瑜赔偿的全部损失，要求过高……具体赔偿数额，本院酌定”）又似乎表明法官以上的分析也不是包括一切内容的，还有一些问题在此没有呈现（“具体赔偿数额，本院酌定”）。法官因不明确的原因（“要求过高”）而拒绝原告的上诉要求，而且他们对具体赔偿数额更不明确（“本院酌定”）。这两个不清晰的语言表达表明了法官在判决赔偿的问题上也花了功夫，但是在“本院认为”这个语步中完全省略了。

由此得出的结论是，法官在该文本中完成了三个常规的任务——解释法律、应用法律、给出法律见解。法官的书写是具有连贯性的，因为在判决书中他们遵循了相关的专业惯例做法，而且从中也反映了法官分析、推理的过程。尽管理解这样的连贯性需要对相关专业惯例做法熟悉了解，而且这些也主要针对专业读者而言，但是法官的法律意见不管是对于专业读者还是非专业读者而言都是可理解的。但是，在该文本中也确实出现了一些不连贯的话语。因为法官没有把相关法律应用到探讨原告女儿（谋杀案受害者）允许嫌疑犯留在酒店房间的过失行为，于是专业、非专业读者就不知道被告究竟在多大限度上负有阻止案发的责任。结果就是法官对赔偿金额背后的推理并没有充分展现出来，这种做法就导致这种书写不符合中华人民共和国最高人民法院司法改革的目标（“诉讼文件应该记录诉讼过程并公开法官的判决推理过程”）。

此外，该研究还发现，一些法官在“本院认为”语步中只完成了两个任务：应用法律以及给出法律见解，他们并没有详细解释法律。对法律解释这个任务的省略使得法官对案件判决的法律基础并不清晰。在以下案例中，被告是一个运输公司，当该公司的一名司机（X）在运输一些货物的过程中撞伤了一名行人。在行人伤势恢复后，行人（原告）起诉被告应高赔偿其损失。法官的见解如下表：

表 6－4　民事判决书中“本院认为”部分连贯性缺失

应用法律	和被告相关的法律事实	本院认为：林某某驾驶被告宁波某储运有限公司所有的货车，在履行职务过程中与原告发生碰撞，造成原告受伤的交通事故
	责任认定	经交警部门勘查认定，林某某负事故的全部责任，原告不负事故责任，交警部门的责任认定准确，本院予以支持
法官意见		原告合理部分的损失应由林某某赔偿，由于林某某系被告宁波某储运有限公司的雇佣驾驶员，发生事故时林某某在履行职务行为，故被告宁波某储运有限公司应承担赔偿责任

从语言角度上看，该文本是连贯的，因为多数小句都是关于被告及其雇员（X）的。因为法官主要汇报了和 X 相关的事实以及交警对责任的认定，故最后的法律意见非常有说服力。然而，法官对法律解释的缺失隐藏了法律依据。如下的分析试图研究为什么法官没仔细解释法律，以及这样的省略如何影响文本的连贯性。

在该文中，“交警部门”并不是另一个诉讼参与方，而是作为像法院一样有权力地位的行政机构。交通事故通常是由交警部门调查处理，并记录当时调查事故的过程，认定当事人之间的责任。所以其中有任何一方对交警的认定不满意进而提起法律诉讼也是有可能的，但是交警部门的判定通常是最后的决定。在中国，如果一个纠纷开始由一个行政部门，如交警部门来处理，那么法官在理论上就被授权调查这个行政部门是如何做出这个决定的，这或许在判决书中被认可或许被否定。在该例文中，法官行使了他们的权利来复审交警部门的决定（“交警部门的责任认定准确，本院予以支持”），但是法官并没有给出交警决定的具体细节，也没有解释它的合法性。这里法官的意图似乎是显示交警部门的权威性而不是检验其合法性。法官做出的两个法律意见如下：“原告合理部分的损失应由 X 赔偿”，“被告宁波某储运有限公司应承担赔偿责任”。法官主要依据交警部门的决定（“X 负事故的全部责任，原告不负事故责任”）作为法律依据而得出第一条意见。同时这也解释了为什么在该文找不到相对的法律解释部分。至于第二条法律意见（“被告宁波某储运有限公司应承担赔偿责任”），唯一能支持的理由就是“由于林某某系被告宁波某储运有限公司的雇佣驾驶员，发生事故时林某某在履行职务行为”。这个理由和法官得出第二条法律见解的关系需要仔细解释相关法律，而这在文中正好被省略了。对第一条法律意见合法性解释的省略，以及对第二条法律意见相关法律解释的省略，也反映出法官推理过程中的信息不充分。对这些信息的忽视使得民事判决书的话语不能以连贯的方式构建，因为专业、非专业读者都不能通过法官在这个语步的书写中看到诉讼实践的过程。

如上述分析所示，在“本院认为”这个语步中，法官书写判决书的连贯性非常模糊，因为他们没有明确地使用衔接性手段。法官书写的连贯性是通过遵守专业性惯例获得的：在该语步中是通过完成三项常规任务。虽然非专业读者或许能读懂法官给出的法律意见，但只有专业读者才能明白法官对法律的解释以及应用。对这三个任务中的任何一个省略都会严重影响法官书写判决书的连贯性，在语料库中就有一些这样的例子。法官没有明确解释法律，也没有给出和他们在民事判决书中推理相关的充足的信息。

6.4.1.2 法官对被告在合同中责任的探讨

本内容主要研究和合同纠纷相关的案件中法官书写的判决书的连贯性。在中国，法官对侵权（违法）案件以及合同案件的处理是大不相同的，在侵权案件中被告违反法律，这不仅伤害了原告的权利而且也有损法律的权威。法官通常集中对被告违法行为进行探讨，以及对此给出负面性的分析和评价来执行法律。然而，在合同纠纷类案件中，被告只是侵犯了原告的权利，对法律权威的损害倒不是主要考量。于是，法官在“本院认为”这个语步中原告和被告之间的关系更和谐，如下案例说明了这点。在该案中，原告用假名字开了一个银行账户，这在2000年4月中国人民银行实施实名制储蓄规定之前是合法的。原告想在2000年4月之后取出他账户里的钱，于是银行要求他提供和存折姓名一致的身份证。然而，原告并没有与银行账户的开户名相一致的有效身份证件，只能提供他自己本人的身份证，于是银行拒绝给他取款。法官对此纠纷发表的意见如下：

表6－5 法官在“本院认为”部分中对被告合同责任的探讨

<table>
<tr><td colspan="2">解读法律</td><td>本院认为：依法成立的合同，对当事人具有法律约束力。银行与储户建立储蓄存折，双方的存储合同关系即告成立。双方均应履行合同内容。当事人就有关合同履行方式约定不明确的，按照有利于实现合同目的的方式履行</td></tr>
<tr><td rowspan="2">应用法律以及法官的意见</td><td>对原告诉称的评价以及法官的意见</td><td>该存折系在中国人民银行规定实名制之前开户，根据中国人民银行2000年126号文件中第2条第1项规定……原告取款时，被告应审核其有效身份证件后予以支付</td></tr>
<tr><td>对被告行为的评价和法官的意见</td><td>被告辩称审核发现原告不能提供与存折姓名一致的身份证，该存折的户名也无相应有效证件印证……因该存折开户是在中国人民银行规定实名制之前，原告与存折户名不一致及无相应有效证件印证并非原告之过错……被告要求原告书面承诺保留对所支取款项的追索权，这种做法并无法律依据……</td></tr>
</table>

在该文中，法官解释了法律，并用相关法律来分别评价原告、被告的行为，最后给出法律见解。法官同时也完成了三个常规的任务（解释法律、应用法律以及给出法律见解），该文在话语层面上是连贯的。和之前探讨侵权案件被告违法不同，法官这里不仅应用解释了的法律来衡量被告的行为，而且还评价了原告诉称。在评价被告行为前来评价原告诉称，而且法官以提起诉讼方开头，这就使得他们的文本在时间编排上是连贯的。

该文本还详述了原告诉称以及被告行为，法官对二者的评价都用了较多的笔墨，且都遵循了类似的文本样式，如下表所示：

表6-6 “本院认为”语步中法官对原告、被告的平等探讨

对原告诉称的评价	支持论点	该存折系在中国人民银行规定实名制之前开户，根据中国人民银行 2000 年 126 号文件中第 2 条第 1 项规定……原告取款时……
	法官意见	被告应审核其有效身份证件后予以支付
对被告行为的评价	支持论点	被告辩称审核发现原告不能提供与存折姓名一致的身份证，该存折的户名也无相应有效证件印证……因该存折开户是在中国人民银行规定实名制之前，原告与存折户名不一致及无相应有效证件印证并非原告之过错……
	法官意见	被告要求原告书面承诺保留对所支取款项的追索权，这种做法并无法律依据……

该表表明了法官在给出法律意见之前遵循书写判决书中广泛使用的支撑论据的模式。当法官要给出多种意见时这种样式被反复使用。在该文中，法官使用了这种文本模式来给出和原告、被告分别相关的两个法律意见（“被告应审核其有效身份证件后予以支付”“这种做法并无法律依据……”）。这种反复使用的模式使得专业及非专业读者能在每个法律争议之后直接看到法官的意见。法官用以上两个支撑论点来反映他们的推理过程。首先，他们具体援引了一条法律（“中国人民银行2000年126号文件中第2条第1项规定”）。其次，该文为了使得法官的意见是建立在理据基础之上的，还汇报了一些必要的法律事实，例如“身份证”“与存折姓名一致的身份证”“实名制”“假名”。在该文本中，法官展示了他们旨在构建一个有理有据的语步的意图，于是该文本在语言学和话语层面上都是相当具有连贯性的。

判决书分析研究表明大多数法官对被告合同责任的探讨在语言学和话语层面上都是连贯的，然而他们对被告法律责任的探讨有时候在语言学层面上比话语层面更加连贯。这种区别是由各种各样的原因造成的。当当事人违反了法律时，法官要超越当事人的个人利益，而且从更宽泛的社会和伦理利益上考虑，正如上一小节探讨的那样（许传玺，2002，p. 39）。例如，在一个案件中被告违反了交通法规，对行人造成了伤害，法官不可避免地要解释交通法规并探讨违反法律的法律和社会结果。法官在民事审判中的主要任务理论上是裁定当事人纠纷、判定赔偿，但在中国实际上的做法却略有不同，因为对法律的探讨不可避免地要涉及社会管理方面，这从在中国法律学院通常被称为“政法学院”就可知。当今，法律仍然是和社会文化息息相关的学科。法官将他们的判决书写得像公共治理语篇一样模糊和充满外交辞令，这也是非常常见的。但是这样的风格使得民事判决书作为一个法律体裁的连贯性也受到一定影响。

当事人的纠纷涉及合同权利和义务时，法官通常重点关注当事人个人的纠纷问题而避免广泛探讨法律问题，他们只将议论的范围限制在合同纠纷的判决里。因为合同条款都记录并解释在文本中，法官能够仔细研究各种条款并具体描述。一位从业 18 年的法官如此解释这种差异：

> 合同是当事人之间的磋商和协议。合同涉及的问题可以小到买一本书，也可以大到买一艘邮轮，可这些都是当事人之间的私人事务，只影响当事人的权利和义务。可我们诉讼中面对的是违法事件的时候，考虑的问题就不一样了。除了法律问题，我们还要考虑文化和社会伦理问题，大部分法官都是中国共产党党员，为人民服务是我们重要的工作。

6.4.2 “本院认为”：被告胜诉案件

在语料库中，当被告胜诉时，法官通常只在“本院认为”这个语步中完成两个任务：应用法律、给出法律见解，而忽略了解释法律部分。不对法律进行解释影响了法官书写的连贯性，正如以下案例分析所示。法官似乎认为若原告败诉，即他们的诉称不合理或者没有充分证据支持，明确的法律解释不是必要的。在“本院认为”这个语步中，法官通常把重点放在对原告诉称和证据的分析和解释上，完全不在意援引的法律或是对被告的探讨。尽管法官只对原告不合理的诉称或者不充足证据的关注，就能使得法官通过判决被告胜诉来结束诉讼案件，但是它没有呈现出法官的推理过程，增强说理正是法律以及中华人民共和国最高人民法院发起的司法改革所要求的。法官在这个语步的主要意图似乎是构建语言学的连贯而非话语连贯。

6.4.2.1 原告诉称不合理

当原告诉称不合理或者当原告没有充分的证据支持其上诉时被告胜诉。如果原告的诉称不合理，法官在“本院认为”语步中的书写就主要集中探讨其上诉要求的不合法性，而不在意被告。法官这样关注原告是由民事审判的一个原则支撑的，即上诉方应该承担提供证据的责任，而且当原告无法提供合法的诉称时，法官有权利终止审判。在以下引用的案例中，原告起诉被告（北京某公交公司），并要求被告搬走其中一个公交站。原告主要的诉称就是那个公交站产生了过大的噪音。法官请来相关部门检测噪音指数，并将结果作为证据。然而，法官判决原告诉称不合理，如下表所示：

表6-7 被告胜诉案件中"本院认为"语步

应用法律	和原告相关的事实	本院认为：对美好环境和幸福生活的向往是大家的共同追求。本案原告的居所区域属国家2类标准区域，在这种混合区域出现的噪声问题，根据有关部门的监测，噪声的来源并非是唯一的
	否定原告诉称的原因（庭审结果）	虽然根据监测结果显示，噪声较国家规定的标准略有超出，对原告的居住生活会造成一定的影响，但由于噪声来源的多样性，难以确认被告的单方责任；且根据监测数据反映，在被告车辆夜间停运后区域噪声亦存在超标情形
法官意见		故现原告要求被告排除危害、赔偿损失，本院不予支持

文本表明法官完成了两个任务（应用法律、给出法律见解）。通过小句主位分析可以将这个文本分为三个部分：和原告相关的事实、庭审结果以及法律意见。法官在这些部分的书写表明原告对被告的诉称是不合理的。在介绍和原告相关的事实时，法官使用了笼统不精确的社会准则来表明原告诉称的动机（"对美好环境和幸福生活的向往是大家的共同追求"），这里更多的是情感方面的诉求而不是法律方面的。社会道德方面的内容反映了法官在情感上理解和同情原告的遭遇。除了使得事实得以有说服力地构建外，这个不精确的社会准则表达也表明了法官并没有把原告诉称当作是基于法律之上提出的。

社会准则解释了原告的动机，但庭审结果应当基于法律之上。这个部分也隐含了法官对原告遭遇的同情："对原告的居住生活会造成一定的影响。"然而，噪音测试结果表明原告的诉称是不合理的，因为"噪声来源的多样性"，"且根据监测数据反映，在被告车辆夜间停运后区域噪声亦存在超标情形”。尽管法官在该文本中有充足的基于法律的证据来拒绝原告基于情感上的诉讼请求，但是他们在给出法律见解时也尽量想表现出贴心和人文关怀。法官在这里想以更有说服力的方式，同时也展现了在民事判决书中的法律性分析和论证过程，这正符合最高人民法院的改革要求。但是，法官省略对法律的解释使得这个文本在地点话语上没那么连贯，非专业读者无法抓住和当事人纠纷相关的法律问题。法官使用了不确切的表达探讨了事实和庭审结果，例如“本案原告的居所区域属国家 2 类标准区域”，“检测结果”需进一步解释，否则，非案件当事人就无法对法官的判决书有连贯性的解读。

虽然法官通过展示他们的同情心将判决书书写连贯的做法是新的尝试，而且也符合最高人民法院司法改革的要求，但是他们尽量书写话语上连贯的语句已经是专业惯例和历来做法。这个惯例表明中国司法系统还是有专业性的基础的。其中能解释这个专业惯例的一个背景因素就是中国部分法官没有接受过专门的法律写作教育以及系统的法律培训。通常的做法就是要求法官必须通过国家统一的律师资格考试，获得国家承认的律师资格，然后未经系统的法律培训就直接进行实践操作了。十多年前，法院法官的招聘传统就是招收那些退役的军人，只要他们拥有法律专业技能的统一考试证书即可（贺卫方，1998；黄宏，2016），虽然这种情形现在少了很多，但是一些新招聘的法官对高标准化的诉讼实践也未做好充分准备，这可能也会导致在司法系统中法律专业技能的不足。

6.4.2.2 原告证据不充分

若因原告未提供充足的证据而使被告胜诉，根据以上所述，谁提出诉讼请求谁就有提供证据的责任，法官单纯地讨论原告诉称和证据就足以解除案件。但是，法官不能通过简单的解除原告诉称就解决当事人的纠纷。如果原告进一步发现新证据，他们或许会提起新的诉讼。故在判决书末尾结束这种类型案件纠纷时，法官不仅探讨原告的诉称、不充足的证据，而且也探讨被告的行为来证明其无罪。在以下案例中，原告在某医院（被告）接受心脏介入手术，且之后恢复得很好。但手术后六个月，原告从有关媒体报道中了解到被告在手术中有可能有复用心导管的情况。原告开始担心其手术时使用的心导管是否为一次性合格产品，故他决定起诉被告提出赔偿要求。法官认为原告的诉讼请求仅仅是基于媒体报道的基础之上，缺乏证据，故法院给出如下意见：

表 6－8 原告提供充足证据案件中“本院认为”语步

对法律的应用及法官意见	第一次讨论原告及法官意见	本院认为：王某某因病入住某桥医院接受治疗，双方形成了医疗服务的合同关系……王某某病愈出院时，足额交纳了住院医疗费用，双方实现了医疗服务合同法律关系中各自的权利、义务内容。现王某某因得知某桥医院曾对患者进行心脏介入治疗时复用过心导管，而对自己在接受心脏介入治疗时所使用的心导管是不是一次性合格产品产生怀疑，是可以理解的……
	对被告及其法官意见的探讨	对此，作为提供医疗服务一方的某桥医院，有责任举证证明其对王某某的治疗过程符合医疗规范。在本案的审理过程中，某桥医院提供了……由此可以认定，某桥医院在对王某某进行心脏介入手术及治疗的过程符合医疗规范，并无不当
	第二次讨论原告及法官意见	且王某某术后痊愈良好，没有损害结果的发生。现王某某仅以有关媒体报道了某桥医院存在对患者进行心脏介入治疗时，有复用心导管的情况，而认定某桥医院对其本人治疗时，亦复用了心导管，显属证据不足。又鉴于某桥医院举证证明了其对王某某的治疗过程符合医疗规范，故对王某某要求某桥医院返还医疗费之请求，本院不予支持

该文中，法官对原告和被告的讨论在语言上是具有连贯性的，因为在这三个部分中对主位（句子主题）的选择都是一致的，它们分别是对原告、被告、原告的再次探讨。法官在这里的话语连贯在某种程度上有问题，因为法官对法律解释的省略降低了话语的连贯性，而法官努力解决当事人纠纷又提高了话语的连贯性。

研究者将该文呈现给多个专业人士，希望获取他们对省略法律解释这部分内容的反馈意见。其中一个律师是这样评价省略法律解释的：

> 可能因为所涉及的法律是律师和法官熟知的，所以法官觉得没有写的必要。司法实践有时是这样的，但对提高判决书的说理没有什么好处。也有可能法官觉得原告、被告，以及他们的律师经过庭审都知道了该用的法律。

省略解释法律这部分使得读者理解法官的具体论证变得复杂了，例如：“双方形成了医疗服务的合同关系”“双方实现了医疗服务合同法律关系中各自的权利、义务内容”“被告有责任举证证明其对王荣福的治疗过程符合医疗规范”。前两个论点要求详细解释医疗合同以及合同法，第三个论点要求解释举证的责任。这些详解都是高度法律化的语言，而且对于非专业读者而言很难读懂，这就降低了文本的话语连贯性。

然而，由于在该案件中，原告未提出充足的证据，法官主要探讨被告而使得文本的连贯性得到提高。为了了解该案件，法官本来只探讨原告证据不足即可，但是法官似乎不愿意以解除原告诉称为由结束案件。法官这里的顾虑是想最终解决医疗纠纷，所以他们介绍了被告举证的责任（“被告举证，且证据充分”）。由于被告合法地证明了他们对原告的治疗时符合医疗规范，原告再无理由质疑被告的手术合法性。除了进一步提出证据来支持解除原告诉称外，法官对被告的讨论解决了当事人的纠纷。正如在先前章节中探讨的，苏力（2001b）指出，法官对解释法律部分的省略在中国司法系统中并不稀奇，倒是他们致力于通过一劳永逸解决当事人纠纷使得案件更高效的这个过程是近些年才出现的。这样的方法表明法官希望增强中国司法系统的法律专业性，这自然也会增强民事判决书话语的连贯性。

6.4.3 “本院认为”：当事人无一方胜诉

在语料库的一些案件中，法官判决原告和被告应该承担各自的损失，当事人双方互不归咎。在这种情况下，法官既不认可原告也不认可被告的诉辩，即当事人无一方胜诉。如果案件是关于侵权行为，即违法行为的，原告对他们的行为可能负有部分责任。例如，原告可能会因跨越马路中间的围栏，而不是穿越斑马线而被疾驰而过的汽车撞伤。由于原告是造成交通事故发生的主要原因，他很有可能只得到很小一部分的赔偿金额。如果案件是关于合同法的，或许会出于一些例如当事人无民事行为资格，或带有恶意、欺诈等非法因素，法官将其合同判为无效。在两种情况中，没有任何一方能战胜对方，因为二者都有过错。通常这种结果就是导致对原告诉称的否定，原告、被告各自负担损失。在“本院认为”这个语步中，侵权违法和合同违法的区别不会像修辞方法那样太多地影响法官的书写模式。法官为了给这些案件提出法律见解，他们通常习惯以承担最多责任的当事人一方开始，并以承担最少责任的一方结束，这使得法官的书写在语言层面上具有一致的连贯性。同时，由于他们具体的意见是基于事实基础之上的，故他们的判决书在话语层面也是连贯的。

在以下案例中，原告（X）在被告（Z）经营的早餐店中吃早餐，第二被告（Y）——Z的邻居正将其三轮车停在店门口道路上，致使道路受阻，当X正要准备离开早餐店时，他试图将电动三轮车移开，于是他用Y的钥匙开了三轮车，但三轮车失控撞到了Z的油锅，X被油烫伤。下文是法官对三方之间责任的认定：

表6-9　当事人无一方胜诉案件中“本院认为”语步

对法律应用及法官意见	对原告X、法官意见的讨论（承担责任最多）	本院认为：……在本起交通事故中……原告……在推行电动三轮车过程中因操作不当，导致电动三轮车失控，撞翻被告谭某某摆放早餐店门口油锅，造成原告……烫伤……应负本起交通事故主要责任
	对被告Y以及法官意见的讨论（承担较少责任方）	……被告李某某将电动三轮车停放店门口道路上，致使道路受阻，且疏忽大意未将车钥匙拔下，致使原告在推行三轮车过程中失控，撞翻油锅，造成原告烫伤，被告的行为与原告受伤有一定因果关系，故被告李某某应承担一定的赔偿责任……
	对被告Z以及法律意见的讨论（承担最少责任方）	被告谭某某从事餐饮经营活动，将油锅置放于店门口道路上，占道经营，被告未尽合理限度范围内的安全保障义务致使原告受伤，故被告谭某某也应承担一定的赔偿责任

在该文中，法官主要讨论了三方的责任。一个文本模式被反复使用：事实+法官见解。这里的事实主要指的是法官对当事人具体行为的评价。例如，在讨论原告X时，法官使用了三个句子：“在推行电动三轮车过程中因操作不当”“撞翻油锅”“造成原告……烫伤”。这里使用到的修饰词语（“不当”）以及被动语态的选择（“烫伤”）表明了法官对原告的负面态度，即认为原告的不当行为才是导致他受伤的唯一理由。紧随特定当事人行为事实的是法官对每个人应该承担责任大小的法律性意见：“原告X应负本起交通事故主要责任，被告Y应承担一定的赔偿责任，Z也应承担

一定的赔偿责任”。这三个责任的区分是由三个修饰词实现的：“主要”“一定”“一定”，这反映了原告 X 对自己受伤负最大责任，被告 Y 次之，被告 Z 责任最小。该研究表明了民事判决书以这样的编排方式给出意见不仅受到法官的偏爱，而且律师在写其他法律体裁如起诉状、辩护书、描述案件、法律意见等时也常用。他们通常先解决重要的问题，再写次要的问题。

这种文本编排和传统的先铺垫后写重要的问题的书写方法不一样。这种差异表明了至少一些中国法官已经适应了专业的法律论证方法。这是非常有意义的，因为法律规定的要求和中国传统的做法之间还是存在巨大差异的。这些法律规定源自欧洲、北美，一个世纪以前才引入中国。甚至是今天，这些法规被操控来满足一些本土文化的要求也是很常见的。中国的法官经常需要面对他们的专业信仰和中国特有的社会、文化、习俗之间的冲突。法官个体或许会努力通过提供各种和诉讼实践背景相关的信息来提高民事判决书话语的连贯性，但是他们可以通过在判决书中用议论性的书写来使他们的推理过程更通俗易懂。如下文一律师观点所示：

> 中国的法官能够做到司法独立，不受文化和媒体的影响，还有很长的路要走，但这些还是在逐渐改变。有些诉讼文书写得很流畅，能反映诉讼实践过程。有些案件似乎有必要公开信息，但也有实际的困难。法官在这些案件里也试图解决这个矛盾，他们在撰写判决书时会把能公开的事实问题汇报清楚，把能公开的法律问题分析得深入和透彻一些。这样判决书就能比较好地反映诉讼的实践过程。

法官在撰写民事判决书“本院认为”这个语步时的连贯性是非常复杂的。他们通常应该在这个语步中完成三个传统的任务：解释法律，将法律应用到和原告、被告相关的问题上，以及给出法律见解。对任何一个任务的省略都会在法律意义上有损判决书的连贯性。从语料库所分析的五类案件中可知，法官并不总是同时完成这三个任务的，在一些类型的案件中，法官总会省略一两个任务，这就会影响法官书写判决书话语的连贯性，因为法官完成的任务越多，他话语的连贯性就越强。尽管这样的省略对于一些想遵循传统做法和其他法官保持一致的法官而言是常见的，但上文的分析表明，也有一些法官试图在一些案件中打破常规来使他们的书写在话语上更连贯。

6.5 结 语

尽管连贯性主要是一个修辞概念，但是法官试图使他们的判决书话语连贯也是合情合理的。法官的主要目的不是刻意通过衔接手段来使他们的判决书连贯，而是希望他们的书写过程和诉讼过程都能在话语上连贯一致。法官需要考虑的是他们的书写是否遵循了法律和其他法官都认可的习惯修辞方法。这些顾虑对法官书写民事判决书的影响较大，所以哪怕法官知道遵守常规做法会影响到判决书话语的连贯性，他们也会这么做，就如在一些类型的案件中法官省略了解释法律这个部分一样。法官对具体连贯策略的选择也更多地取决于案件的本质而不是他们个体的修辞偏好。为了使得在重构原告和被告的诉辩时更具连贯性，法官会在情节导向性文本和要点导向性文本之间进行选择。法官在“原告诉称”步骤重构原告诉讼请求时，可以选择是叙述案件故事还是列出主要的点。在涉及日常生活问题的案件中，例如邻里纠纷、顾客权益以及家庭纠纷等问题，法官通常会撰写一个连贯的故事。而在涉及专业性较强的问题时，例如合同、版权、专利、保险等，法官通常会以列点的形式书写。法官这种叙述故事和列点的方法都希望能在话语层面上达到最大的连贯性。

由于法官在书写民事判决书时主要关注的是法律方面的连贯性问题，他们较少使用到笼统的衔接手段，故在民事判决书中的连贯都是非常具体明确的，对非专业读者而言较为清楚。法官在书写这些连贯性的话语时倾向于预设读者拥有足够的法律和社会背景知识。他们对一些知识非常熟悉，以致他们觉得没必要再进一步解释。民事判决书中的一些部分对于非专业读者甚至有时是一些专业读者而言都是非常难懂的。读者若要发现那些明确的连贯关系，就必须能看出法官预设的那部分知识，而这通常也影响了这个体裁的连贯性。

7 结　论

7.1 讨　论

本研究是从实证的角度探讨中国法律体裁的重要尝试。在中国香港、英国、美国、澳大利亚等国家和地区，基于文本研究专业、学术话语实践并不少见，但在中国大陆，这是研究话语新的方法。中国研究话语的焦点通常是介绍、解释已有的分析方法，例如批判性话语分析、对话分析、言语行为理论，并将这些方法模式运用到现实世界的文本中。中国的学术趋势很大程度上趋于和经典理论一致。为了解释已有的模式，中国许多话语研究都在这些模式开始产生的领域里展开，如媒体、教学、商务以及日常交流等，因为这些领域能给已有的模式提供许多现成的、有说服力的解释。但鲜有研究在法律、政治、行政管理等领域展开，哪怕这些领域实际上在中国享有很高的地位，同时也值得努力研究。本研究就试图探讨和民事判决书体裁相关的中国法律话语和中国法官的专业实践问题。

民事判决书以及大多数其他书面的法律体裁都被认为是不值得拿来分析的文本，因为大多数话语研究者都认为这些体裁是高度结构化和格式化的。大家都觉得民事判决书中使用的这些规约性的、标准化的表达可以通过简单的阅读判决书范文获得，而且这些范文也足以让专业或非专业读者理解这个体裁。法官撰写民事判决书的专业能力被大家认为是理所当然的。然而，法官在民事判决书中的书写反映了法律文化的大背景，正在进行的司法改革，以及法官对这个改革的理解和执行的方方面面。为了从话语的角度理解在实行司法改革过程中的法律背景以及法官的专业技能，本研究将民事判决书还原到原本的诉讼实践中，希望描述、解读法官在书写判决书时的修辞和法律过程。民事诉讼中，民事判决书是最重要的司法文本，因为它决定了当事人将他们纠纷的交予法院判决之后各自的权利和义务（George，2000）。正是基于民事判决书，当事人才能进一步采取挽救措施来保护他们的权利，例如申请强制执行、向更高一级法院提起上诉，以及对他们的权利/利益提出优先权。在这些进一步的法律救济中使用民事判决书就要求法官对判决书的书写非常清晰、准确、毫不含糊。

本研究表明，民事判决书是中国民事诉讼中法官正式书写他们对当事人诉讼纠纷的理解、分析、提出意见的渠道之一。于是，法官在写作中除了表明判决，即庭审判决外，要完成一系列的任务，如认定事实、分析问题、解释法律等。有两个因素制约着法官在书写民事判决书时要灵活多变。首先，诉讼要解决的纠纷并不是永远都一成不变的。法官对问题的探讨可能会面临不同的领域，例如金融、商业、银行、贸易、计算机、娱乐等。法官必须调查、理解这些具体领域的问题，而且他们的判决书书写应该根据不同的案件类型而变化。其次，对法律的解释要求法官书写灵活，否则他们就无法给诉讼建立一个令人信服的法律依据。如其他成文法国家一样，中国的法律是具体的，同时也是“系统构建的，而且还依赖于广泛的总原则，通常忽略一些细枝末节”（Tetley，1999，p. 596）。尽管中国有一个系统的法律体系，但是一些具体的法律条文规定都不具体，需要仔细的解读。甚至在一个新的案件中没有法官处理过或者也没有现成可适用的法律。在这两种情况中，法官必须灵活地做出以下三种选择：直接引用法律、解释法律、解释相关的法律原则/社会准则，给诉讼建立合理的法律依据。

正如先前章节研究所示，以上两大要求（清晰、准确、不含糊，以及灵活多变）都在这个体裁中体现，即民事判决书通常都以相同的形式风格成文，但法官的书写根据不同的具体情形而变化。本研究表明中国的民事判决书中都包括共同的语步。一些语步是非常严格的、标准化的，于是法官的任务其实就是按照模板添加内容。判决书中这些形式化、标准化的书写通常非常清晰，专业或非专业读者都能够很容易地获取如当事人名字、纠纷内容、法院判决等信息，如“标题”“引言”“法院判决”等语步所示。法官判决书的标准化写法不仅仅是一种习惯的诉讼做法，而且也是最高人民法院的要求。最高人民法院决定法官的民事判决书书写以及其他诉讼体裁，并于1993年发行《法院诉讼文书样式（试行）》，现仍生效。在这个法律规定的样式下的民事判决书同样也是高度格式化的，这个体裁不容许有重大改变。尽管这样的高度格式化确实使得大多数法官觉得书写民事判决书是一件很容易控制的事情，但是也是以牺牲诉讼过程中很多信息的完整性为代价的，而这些信息的完整性恰恰是最高人民法院启动的提高这种体裁论证和法律推理所要求的。

法官对事实和法律的分析不可能都以相同的标准格式撰写，因为诉讼的纠纷问题千变万化。在民事判决书中对事实的书写是基于法官对当事人诉辩的分析、证据的调查以及庭审记录；对法律的讨论是基于法官对相关法律的选择及其解读。这就要求法官用自己的法律知识、修辞能力去解决不同情况的问题，就如在"当事人诉求/辩护""法官判决""本院认为"语步中展现的一样。法律实践能力指的是法官熟悉相关的法律，知道怎样解读和应用它们。本书探讨了两种可能的情形。第一种情形是对于一个相同的问题，不同的机构有各自的规章条例，这些不同的条例也总是不一致，当这些不一致的内容出现时，法官就必须分析、决定哪个条例应优先考虑。在民事判决书中法律选择不当会影响这个体裁总体的权威性以及民事诉讼的可信度。第二种情形就是对于特定的问题并没有现成适用的法律。这时，已有的法官实践先例就会被引用作为权威的社会准则。因为大多数准则都是未成文的，这就要求法官具体解释选择这些准则的合法性。

修辞能力指的是法官在书写判决书时对大多数规约习惯的实际操作非常熟悉，并且在他们自己书写判决书时遵守这些规约。打破这些规约做法或许不会影响判决结果，即对具体民事判决的庭审结果无影响，但是对法官的可信度以及专业能力就会产生负面影响。本研究发现在民事判决书中有许多修辞规约。例如，在"当事人诉求/辩护"语步中，哪怕当事人双方，即原告和被告都对事实有不同的理解，法官通常只在"原告诉称"步骤而不是在"被告辩称"步骤介绍事实。而且在这个"原告诉称"步骤中介绍的事实并不一定就是原告对事实的理解；相反，它们通常是法官对认定的事实的简要概括和总结，这看起来似乎和这个步骤的标题——"原告诉称"是不符合的。只有那些有经验的法官和律师才能看出这样的写作惯例，因为在法律界并没有明确的法律规定探讨过这样的规约。本研究发现尽管法官在书写民事判决书时主要遵循标准的格式、规约，但是由于正在施行的司法改革要求，一些规约正在逐渐受到挑战和被打破。在一些特定的情况下，法官在民事判决书中会对具体情况进行法律解读、事实认定，这也使得专业、非专业读者能够更好地理解民事判决书，并且为了解诉讼实践的背景提供了机会。这种逐渐降低中国民事判决书标准化书写格式的做法，也会给法官的个人书写带来更大的灵活性。

7.2 教学启示

本研究的结果以及所解释的这些法官的专业实践可以运用到为法律专业学生或者行业实践认识的教学任务设计上。中国初级法律学习者通常花大量的时间来记忆具体的法律法规等来帮助其通过各种考试。他们大多都看一些教科书上的材料，例如课本、概括性判决书、设想的案例。并且普遍认为实际情况中的法律体裁也是非常高度结构化和格式化的，于是法律学习者就开始按照一些容易模仿的范文来理解、阅读、撰写这些体裁。然而，本研究发现法官的书写不仅仅是简单地遵守规定和规约，还灵活多变。这些规定和规约或许很容易理解，但是灵活多变的书写要求法官能够在具体案例中充分利用他们的专业能力，而这就需要培训和经验。让这些法律初学者意识到规定、规约和法官的专业能力都一样重要，就能向他们展现诉讼更真实的一面，同时也能让他们更加容易地完全参与、融入法律实践领域。

在本研究的许多案例中，专家们，包括法官、律师，都被我们呈现的观点、发现所触动。他们通常不认为语言研究者（实际上他们指的研究者就是英语教师）能够以这样的方式分析民事判决书和相关的法律问题，并且法官的专业知识能够通过这样的方式得到进一步强化。他们进一步指出，这类研究对于教育初级法律学习者提高自己对法律修辞和不同情况下社会法律文本关系的认识非常有必要。

7.3 进一步研究方向

本研究在本质上是质性研究且未对特定的词汇语法项目进行定量统计。未来或许可以收集制作更大的语料库，对像词汇语法项目、指示语、时间表达等进行统计分析。进一步的研究可为教学或者是专业训练材料提供现成可以利用的材料。本研究试图从多个视角解读民事判决书，即文本视角、互文视角、分析者视角以及专家视角。进一步的研究或许可以涵盖更多对民事判决书有意义的视角。例如，研究者或许可以试图接近更多的原告和被告，因为作为诉讼过程的参与者，他们对庭审问题、民事判决书中呈现的内容等有更好的理解。他们的意见对于理解法官在判决书中书写的内容和判决书的可读性、连贯性都非常有价值。本研究中用到的数据是初审判决书，并没有关注当事人进一步上诉高一级法院的上诉判决书。在实际情况中，原告和被告都有可能对庭审结果不满意，并向上一级法院提起上诉。进一步的研究可以对和上诉法院的民事判决书体裁特征相关的内容进行探讨，例如可以研究上诉法院如何处理初审的民事判决书的内容，这可以解释一份相同的民事判决书在不同的诉讼过程中的话语内容是如何发生变化的。

附录I　访谈问题

一、关于民事判决书内容和总体结构的访谈问题

1. 你经常阅读民事判决书吗？什么情况下你会使用民事判决书？

2. 关于民事判决书的作用，你有什么看法？

3. 能不能大致谈一下你对内地民事判决书的写作质量和特点的一些看法和思考？

4. 民事判决书在开头介绍诉讼参加人的时候，会提供很详细的信息，为什么？有这个必要吗？

5. 在介绍个体参加人和公司参加人的时候有什么样的区别？

6. 为什么很多民事诉讼没有律师作为代理人出现？

7. 为什么民事判决书的“开场白”总是很模糊或过于简单化？有必要写这个开场白吗？

8. 很少有民事判决书清楚地列出并讨论审判的主要问题，这样合适吗？为什么？

9. 在所选的判决书里，有一小部分判决书很详细地汇报了证据的质证过程，还清楚地列出了审判的主要问题。比起其他判决书，这一小部分判决书有什么特殊的意义？

10. 为什么“原告诉称”部分披露的信息和法院认定“事实”部分汇报的信息有很多的一致性？毕竟，前者应再现原告的理解（诉求），后者是法官认定为有司法效力的法定事实。

11. 在写作“原告诉称”和“被告辩称”的过程中，原告起诉书和被告答辩书中的很多信息被重新表述并被简化，为什么？法官写作判决书的理论目的和实际目的是什么？

12. 民事判决书提到的证据通常单独汇报，而不是和要支持的论述融合在一起。这样的写作方式有说服力吗？为什么？

13. 有些法院发布的大部分判决书对当事人的主张都有比较详细的汇报，而且会详细探讨审判涉及的法律问题。为什么这些法院可以做到这样？

14. 有些法官阐述法庭意见的时候，论述很长也不分段，也没有讲述要讨论的问题。专业还是非专业读者，都不容易判断法官要分析的问题。能不能评价一下这个现象？

15. 民事判决书最后要告知当事人上述的权利，为什么这种告知披露的信息如此不具体？有没有必要说得详细一点？决定应该告知什么信息的时候法官又有什么现实的考虑？

二、关于民事判决书遣词造句和语法使用的访谈问题

1. 为了报告自己的损失和所要求的赔偿，原告在“原告诉称”这个部分用了大量关于数字的表述。所有的判决书都会把损失和赔偿的总的数额写明，可这个总的数额有什么具体项目和要求构成并不是都写清楚，相当一部分都被省略了，为什么？这种只列明部分损失项目和赔偿要求的写法是出于怎样的考虑？

2. 有的判决书列明了全部的具体损失项目和赔偿要求，可这些所列数目之和与判决书写明的总的损失和赔偿数目之间有时候并不吻合。这是写作错误还是其他原因造成的？你见过这样的判决书吗？

3. “原告诉称”部分涉及的数字表述很多都会又出现在“事实”部分，而且表述也都变得更为精确，这种写作现象有什么意义？为什么？这种信息的前后呼应不仅仅局限于数字表述，在事实讨论中也经常会有，什么原因造成了这种信息呼应？这和写作判决书有关联吗？

4. 有些原告要求精神赔偿，面对很高的要求数额，法官通常只判定极低的实际赔偿，为什么会这样？法官的做法有什么依据和考虑？在可以预见的未来，这种现象会发生改变吗？

5. 大部分提出精神赔偿的原告似乎知道内地法官只会判定数额极低的赔偿，他们为什么还要提出很高的赔偿数额？他们不担心诉讼费会变得很高吗？

6. 被告在答辩书里会使用不少关于时间的表述，用来提高他们讨论证据和描述事实的准确性，可这些用法在判决书的“被告辩称”部分都被省略了，被告原来的写作目的也没有得到体现，为什么法官要这样表现被告的论述？

7. 如果原告在起诉书中已经描述过事实和证据问题，被告会以什么方式表述自己对相同问题的理解？有什么写作目的？

8. 法官在判决书中的法律解释仅仅是为了裁决手头的争议吗？他们有

没有其他交际目的？会不会考虑其他法官的看法？多大限度上，他们会期望其他的法官和律师会使用自己写的判决书？

9. 法官经常会使用强调或模糊等修辞方式来表达他们对诉讼参加人的态度，什么情况下他们对修辞手法的使用比较随意？什么情况下他们会克制这种修辞方式使用？他们会不会考虑侵权案件和合同案件的不同？

10. 法官对土地的非法交易所持的强烈否定态度是偶然的吗？为什么？什么因素决定了他们的这种态度？

11. 不管原告还是被告，在写作中都较少地使用模糊语，是因为他们拒绝使用还是没有机会使用？他们会出于什么目的使用模糊语？

12. 有人起诉北京的一家公交公司，理由是公交公司制造的噪音严重干扰了他的生活。但对于公交公司，像选择公交站场之类的重大决定都是公共议题。法官可不可以在民事诉讼中探讨政府的责任？

13. 一些民事诉讼中，为什么法官似乎必须使用模糊语来表明他们对法律和事实的看法和理解？是为了表示法官作为个体的存在？为了避免太过肯定的语气？还是因为模糊的表达已经很充分了，不需要语气强烈的表达？

14. 你对法官在判决书中的法律解释有什么看法？是格式化的写作，还是自己专业的论述？

15. 法官会不会为自己对法律、社会规则，以及新生社会问题的解释感到自豪？如果自豪，他们为什么还要用模糊语来和这些解释保持一定的距离？

16. 你怎么界定内地法官在民事诉讼中的角色？

三、关于判决书文本连贯性的访谈问题

1. 你觉得阅读民事判决书困难吗？对非法律认识呢？哪部分相对容易理解，哪部分相对困难一些，为什么？

2. 请阅读并评价下面一段话：

原告高某某诉称：2006 年 8 月 29 日，原告携带父亲骨灰盒，乘坐第二被告以第一被告名义经营的甘 G× × × × ×号由 A 市开往 B 市的长途汽车，按照被告票员的要求将骨灰盒放在车底货仓。8 月 30 日早晨，被告的车到 B 市后，原告下车取骨灰盒时却发现不见了。原告按照被告的意思，发广告并多次花去交通费、住宿费，往返于 A 市至 B 市及 B 市各县寻找骨灰盒，但没有结果。原告丢失了寄托父亲哀思的骨灰盒后，精神恍惚抑郁，受到严重伤害。故起诉要求被告赔偿……［某区法院审理原告高某某与被告某市某汽车运输有限责任公司、田某某赔偿纠纷一案民事判决书，(2007) 甘民初字第××××号］

这段话中的句子都以“原告”开始，这是一种巧合还是有意的写作安排？即使本来应该以“被告”开头的句子，也通过句子时态的变化让“原告”位于句首，为什么这样安排，有什么目的？

3. 阅读并评价下面一段话：

……事发至今，原告不仅承受着身体上的剧烈疼痛及药物治疗带来的副作用，更是由于该病初期的无法确诊及潜在的后遗症等问题给原告精神上造成无法弥补的伤害……后经查，被告……加工工艺不当……是导致原告无辜染病以及引发本次“重大突发公共卫生事件”的原因所在。

……被告作为食品生产经营者，是食品安全的第一责任人，保护消费者的食品卫生及安全是生产经营者的法定责任。

在本案中，被告的过错行为导致原告损害事实及结果的发生，严重侵害了原告的人身权利。［某市某区人民法院审理张某某与某餐饮文化发展有限公司人身损害赔偿纠纷案 民事判决书，(2007) 朝民初字第××××号］

原告的写作并没有集中在自己所受的“痛苦”上面，他反而更多的是讨论被告行为的法律性质。在这两种写作方式之间做出选择的时候，原告有什么考虑？这种写作方式是原告的选择还是代理律师的选择？这三段话之间的逻辑关系是什么？

4. 你有没有遇到过“原告诉称”这个部分组织得不好的判决书？什么原因会造成这个部分写得不好？请评价下面这段话：

原告诉称：2003 年 7 月 26 日，我由两个朋友陪同到被告处由任某主刀做了祛除眼袋手术。术前，被告承诺我不会出现皱纹，不会眼窝凹陷。但术后，我眼睛下面出现了两个坑，形成了凹陷，下眼睑边缘突起，眼周围出现多处皱纹。经我调查，得知被告没有医疗美容的经营范围，任某也无医师资格。但被告却对我采用欺骗的手段，擅自开刀做手术，伤害了我的眼睛，致使我精神上受到极大打击。［某市某区人民法院审理李某某诉

北京某美容中心医疗美容损害赔偿纠纷案民事判决书，(2004) 朝民初字第××××号]

5. 下面这个案件有两个被告，为什么只有一个被强烈地控诉？原告的选择有没有法律或社会层面的解释？

原告李某某诉称：2000年4月，被告某图书公司发行、被告某摄影出版社出版的《××××》系列丛书。该丛书之《××》单行本，署名巴某，共收入原告创作的作品30篇。被告某摄影出版社未经原告同意，擅自将原告创作的散文作品汇编成集并出版发行，未向原告支付报酬。该书的书名、选目和编排都不符合原告的意愿。被告某摄影出版社的行为侵犯了原告依法对其创作作品享有的著作权中的使用权和获得报酬权，给原告造成了物质上和精神上的损失。该被告作为国家的正式出版单位，公然无视法律规定，肆意侵犯作者权益，侵权情节十分严重，侵权性质十分恶劣。被告某图书公司的行为也构成对原告的侵权。[某市第一中级人民法院审理李某某诉某摄影出版社、某图书有限责任公司侵犯使用权和获得报酬权纠纷案民事判决书，(2000) 一中知初字第××××号]

6. 请评价下面某一被告的答辩。原告起诉被告非法使用了他的专利，被告的答辩够不够充分？能不能驳斥原告的诉求？这里的两个论述能颠倒顺序吗？

被告某公司答辩称：首先，涉案专利不具备新颖性和创造性，不应获得专利权。被告已就此向国家知识产权局专利复审委员会提出了宣告该专利权无效的申请。其次，本案被控侵权物与原告的专利有实质区别，不构成对原告专利权的侵犯。因此，请求驳回原告的诉讼请求。[某市第二中级人民法院审理北京某科技有限公司等诉北京某科技有限公司侵犯专利权纠纷案一审民事判决书，(2007) 二中民初字第××××号]

7. 当原告的诉求不合理或者没有合法依据时，法官会把写作精力集中在探讨这样的诉求如何不合理和为什么法庭不能接受上面。法官为什么不直接分析或宣称被告的行为没有过错？这两种写作的侧重点有什么不同？

8. 如果被告被起诉的行为的确存在，法官通常将主要精力放在讨论被告的违法行为上，而极少谈到原告的权利和诉求本身，为什么？这种情况下对原告的忽视合不合理？

9. 主持民事诉讼的法官如果不得不使用行政机构做出决定，他们会怎么处理？有没有惯常的做法？

10. 法官讲述事实问题的时候，都是直白的叙述，这样的写作方式有什么作用？

11. 在一些判决书里，法官写清楚他们对原告的起诉目的和情绪的理解与分析，即使这些目的和情绪可能没有法律支持，法官这样做的目的是什么？

12. 为什么在原被告都有过错的案件中，法官通常先处理有较多过错一方的责任，然后是过错较少的一方？能不能颠倒顺序？

13. “事实”部分和“法庭意见”部分，法官都会讲到法庭对事实问题的认定，为什么要在不同的地方重复探讨事实问题？二者之间有差别吗？这样写是因为有要求还是法官自己的选择？

附录Ⅱ　判决书语步分析：示例1

民事判决书

语步一：标题

　　一：案号

　　二：诉讼方列举

语步二：引言

语步三：当事人诉求/辩护

　　一：原告诉称

　　二：被告辩称

　　三：证据（可选）

语步四：法院判决

　　一：事实

　　二：纠纷（可选）

　　三：证据（可选）

语步五：本院认为

　　一：解释法律

　　二：适用法律

　　三：法院观点

　　四：相反观点（鲜见）

语步六：法院判决

　　一：裁判

　　二：上诉声明

　　三：签名

语步一：标题

一：案号

某市某区人民法院审理谢某与北京某餐饮文化发展有限公司人身损害赔偿纠纷案民事判决书

（2007）朝民初字第××××号

语步一：标题

二：诉讼方列举

原告谢某某，女，19××年××月××日出生，汉族，某律师事务所律师，住某市某区某小区××号楼××门××号。

被告某餐饮文化发展有限公司，住所地某市某区某里××号楼××层。

法定代表人瞿某某，董事长。

委托代理人苗某某，某市某律师事务所律师。

委托代理人左某，女，19××年××月××日出生，汉族，该公司行政总监，住某市某区某堡××号楼××单元××号。

语步二：引言

原告张某某（以下简称原告）与被告北京某餐饮文化发展有限公司（以下简称被告）一般人身损害赔偿纠纷一案，本院受理后，依法组成合议庭，公开开庭进行了审理。原告及被告委托代理人苗某某、左某到庭参加了诉讼。本案现已审理终结。

语步三：当事人诉求/辩护

一：原告诉称

原告诉称：2006年7月23日，原告前往被告经营的酒楼就餐，并点用了由其推荐的凉菜“香香嘴螺肉”（凉拌螺肉）。2006年8月初，原告陆续出现了肌肉刺痛、触觉异常、颈部强硬、急性剧烈头痛、持续低烧等系列症状，并先后求诊于×××等多家医院，但病情始终未能确诊。在此过程中，原告病症持续加重，无法正常工作及生活，备受身体及精神的双重煎熬。2006年8月20日，原告前往某医院，经其确诊为“广州管圆线虫病”，并于2006年8月21日至2006年9月6日在该院住院治疗。2006年9月20日，在家病休的原告突然出现长达十多个小时的左眼视力障碍。随后，分别求诊于某某医院及北京某医院，并被确诊为广州管圆线虫病引发的左眼视力缺血性视神经病、左视网膜中央静脉不全阻塞。2006年9月30日至2006年10月18日期间，原告在北京某医院住院治疗。现原告仍处于门诊治疗及恢复观察阶段。事发至今，原告不仅承受着身体上的剧烈疼痛及药物治疗带来的副作用，更是由于该病初期的无法确诊及潜在的后遗症等问题给原告精神上造成无法弥补的伤害。后经查，被告为降低成本擅自将凉拌螺肉的原材料由海螺更换为福寿螺，且加工工艺不当（未彻底加热）没有杀死福寿螺中所携带的广州管圆线虫幼虫，是导致原告无辜染病以及引发本次“重大突发公共卫生事件”的原因所在。原告认为，被告作为食品生产经营者，是食品安全的第一责任人，保护消费者的食品卫生及安全是生产经营者的法定责任。在本案中，被告的过错行为导致原告损害事实及结果的发生，严重侵害了原告的人身权利。为维护原告合法权益，原告诉至法院，要求判令被告在北京地区具有影响力的报纸或刊物上公开赔礼道歉；判令被告赔偿医疗费14 333.06元、误工费19 671.37元、护理费4 930.11元、交通费5 433元、住院伙食补助费1 140元、精神损害抚慰金30 000元。

语步三：当事人诉求/辩护

二：被告辩称

被告辩称：对于我公司给原告造成的人身伤害，我公司表示真诚的歉意。在事件发生后，我公司已在媒体上进行了道歉，因此不同意原告要求我公司在北京地区具有影响力的报纸或刊物上公开赔礼道歉的诉讼请求。对于原告的医疗费用，部分费用原告已通过商业保险解决，我公司不同意赔偿。对于原告要求的其他费用，如果是原告的合理损失，我公司同意赔偿。对于原告要求的精神损害抚慰金，数额过高，希望法院酌情判决。

语步四：法院判决

一：事实

经审理查明：2006年7月23日，原告前往被告经营的酒楼就餐，并点用了凉菜“香香嘴螺肉”（凉拌螺肉）。之后，原告陆续出现了肌肉刺痛、触觉异常、颈部强硬、急性剧烈头痛、持续低烧等系列症状。为此，2006年8月11日，原告至某医院门诊治疗。2006年8月15日，原告至某大学第一医院门诊治疗。2006年8月16日，原告在北京某医院及某大学第三医院门诊治疗。某医嘱休息一天，某大学第三医院医嘱休息十天。

2006年8月18日至8月20日，原告在某大学人民医院住院治疗。2006年8月20日，原告转院至某医科大学附属北京某医院（下称北京某医院），经其确诊为“广州管圆线虫病”，并于2006年8月21日至2006年9月6日在该院住院治疗。2006年9月6日，北京某医院医嘱原告全休一周。2006年9月13日，北京某医院医嘱原告休息一周。2006年9月18日，北京某医院医嘱原告休息五天。2006年9月21日，原告因突然的左眼视力障碍问题至北京某医院及北京某某医院就诊，并被确诊为广州管圆线虫病引发的左眼视力缺血性视神经病、左视网膜中央静脉不全阻塞。2006年9月23日，原告在北京某医院就诊。2006年9月27日、29日，原告在北京某某医院就诊。2006年9月28日，北京某医院医嘱原告休息一周。2006年9月30日至2006年10月18日，原告在某某医院住院治疗。2006年10月20日，北京某某医院医嘱原告休息两周。2006年10月31日，原告在某州医学院附属眼视光医院就诊。同日，该院医嘱原告全休一周。2006年12月2日，北京某医院医嘱原告全休一个月。

经查，原告身患“广州管圆线虫病”系其食用被告制作的“香香嘴螺肉”（凉拌螺肉）所致。被告在制作“香香嘴螺肉”（凉拌螺肉）使用的原料为福寿螺，由于被告对福寿螺未彻底加热，导致未能杀死福寿螺中携带的广州管圆线虫幼虫，最终导致原告食用后致病。

经本院核定：原告因此遭受的损失有：

医疗费14 333.06元。该损失有相应的医疗票据、费用清单、医疗手册、门诊手册、住院病案、急诊病历、公证书、发票等证据予以证明。原告主张的医疗费用的产生均与广州管圆线虫病相关，本院予以认定。

误工费13 812元。根据原告的医疗票据、住院、出院记录及病休诊断证明，原告的误工时间为2006年8月11日、8月15日至2007年8月31日以及2006年9月、10月、11月、12月。至于误工费的计算标准，原告为律师，收入并不固定。而且本院考虑到北京市律师收入差异较大的实际情况，因此以北京市职工2006年度平均工资36 097元为标准计算。原告误工费为：36 097元/365天×18天+36 097/12×4个月=13 812元。

护理费2 390元。根据原告病情，进行相应护理在情理之中。虽然原告提供了某音频技术有限公司的事假证明，以及赖某某投资咨询有限责任公司的证明，证明赖某某在两个公司月收入各为5 000元，以证明赖某某为护理原告导致的损失，但根据完税证明，赖某某所交纳的工资薪金基数基本上为5 000元左右，且赖某某投资咨询有限责任公司与赖某某本身有利害关系。因此，本院以5 000元为基数计算护理费5 000元/20.92×10=2 390元。

交通费2 500元。原告母亲在浙江某市，其至北京护理原告必然会发生相应交通费用，但原告母亲采用飞机形式来往费用过高，本院根据原告两次住院，原告母亲来回四次，每次500元的标准确定原告母亲的交通费用。另原告及护理人员因原告在北京就医及转院而发生的交通费用，本院酌定为500元。

住院伙食补助费1 140元，原告在北京某医院及北京某某医院共住院38天，按照北京市国家机关一般工作人员的出差伙食补助标准为30元每天，被告应支付原告住院伙食补助费1 140元。

对于原告主张的精神损害抚慰金，本院考虑到原告此次患病病因特殊，导致原告至多家医院就诊，长时间无法确诊病因。而在确诊后，原告经受了两次较长时间的住院治疗，在身体上及精神上均遭受了痛苦，酌定由被告赔偿原告精神抚慰金6 000元。

对于原告主张的调查取证费，为原告支出的必要司法成本，且有些费用并非主张权利所必须支出，故本院不予支持。

语步四：法院判决

三：证据（可选）

上述事实，有双方当事人当庭陈述、诊断证明、医疗票据、误工证明、误工费明细表、休假证明、协议书等证据在案佐证。

语步五：本院认为

一：解释法律

二：适用法律

三：法院观点

本院认为：侵权行为人因其侵权行为导致其他人遭受损害的，应对导致的损害结果承担完全赔偿责任。本案中，被告作为酒楼经营者，对其出售的食品的安全及卫生应负高度的注意义务。现被告向原告提供的菜品“香香嘴螺肉”原材料系福寿螺，且加工工艺不当，导致该菜品中携带广州管圆线虫幼虫，从而导致原告身患“广州管圆线虫病”。被告对其所经营的菜品未尽管理义务，主观上具有明显过错，故其对原告所遭受的人身损害及相应的财产损害负有完全赔偿责任。原告起诉至本院要求被告赔偿损失，依法有据。至于被告应赔付的具体数额，由本院依据本案证据予以确定。被告辩称商业保险报销部分不应由被告赔偿，对此本院认为商业保险与人身侵权系不同法律关系，商业保险报销部分系原告依据保险合同关系所获合同权益，不应抵销本案被告所应承担的侵权赔偿责任。

对于原告要求被告在北京地区具有影响力的报纸或刊物上公开赔礼道歉的请求，本院认为，对于“福寿螺”事件来说，该事件已有媒体的广泛报道，被告的过错行为已为公众所明知；对于原告个人来说，被告当庭已做出道歉的意思表示，本院将责令被告向本院提交书面的致原告的道歉信。

根据《最高人民法院关于确定民事侵权精神损害赔偿责任若干问题的解释》的规定，因侵权致人精神损害，造成严重后果的，人民法院可以根据受害人一方的请求判令侵权人赔偿相应的精神损害抚慰金。精神损害抚慰金的具体数额依据侵权人的过错，侵害的手段、场合、行为方式，侵权行为的后果，侵权人的获利情况，侵权人承担责任的经济能力，受诉法院所在地平均生活水平等因素综合确定。本案中，本院主要考虑原告此次患病病因特殊，导致原告至多家医院就诊，长时间无法确诊病因。而在确诊后，原告经受了两次较长时间的住院治疗，在身体上及精神上均遭受了痛苦，酌定由被告赔偿原告精神抚慰金 6 000 元。

语步六：法院判决

一：裁判

综上，依照《中华人民共和国民法通则》第一百零六条第二款、第一百一十九条，《中华人民共和国消费者权益保护法》第七条，《最高人民法院关于审理人身损害赔偿案件适用法律若干问题的解释》第六条第一款、第十七条第一款，《最高人民法院关于确定民事侵权精神损害赔偿责任若干问题的解释》第八条第二款、第十条之规定，判决如下：

一、被告北京某餐饮文化发展有限公司于本判决生效后七日内向原告谢某某书面道歉（道歉信内容由本院审定，如被告北京某餐饮文化发展有限公司拒绝履行，则本院将本判决书主要内容在北京地区公开发行的报纸上刊登，费用由被告某餐饮文化发展有限公司负担）。

二、被告北京某餐饮文化发展有限公司于本判决生效后七日内赔偿原告谢某某医疗费 14 333.06 元。

三、被告北京某餐饮文化发展有限公司于本判决生效后七日内赔偿原告谢某某误工费 13 812 元。

四、被告北京某餐饮文化发展有限公司于本判决生效后七日内赔偿原告谢某某护理费2 390元。

五、被告北京某餐饮文化发展有限公司于本判决生效后七日内赔偿原告谢某某交通费2 500元。

六、被告北京某餐饮文化发展有限公司于本判决生效后七日内赔偿原告谢某某住院伙食补助费1 140元。

七、被告北京某餐饮文化发展有限公司于本判决生效后七日内赔偿原告谢某某精神损害抚慰金6 000元。

八、驳回原告谢某某的其他诉讼请求。

如果未按本判决指定的期间履行给付金钱义务，应当依照《中华人民共和国民事诉讼法》第二百三十二条之规定，加倍支付迟延履行期间的债务利息。

案件受理费2 775元，由原告张某某负担1 158元（已交纳）；由被告北京某餐饮文化发展有限公司负担1 617元（原告张某某已交纳，被告北京某餐饮文化发展有限公司于本判决生效后七日内给付原告张某某）。

语步六：法院判决

二：上诉声明

如不服本判决，可于本判决书送达之日起十五日内向本院递交上诉状，并按对方当事人的人数提出副本，交纳上诉案件受理费，上诉于北京市第二中级人民法院。如在上诉期满后七日内未交纳上诉案件受理费的，按自动撤回上诉处理。

语步六：法院判决

三：签名

审　判　长　　×××
代理审判员　　×××
代理审判员　　×××
××××年×月×日
书　记　员　　×××

附录Ⅲ 判决书语步分析：示例2

语步一：标题

一：案号

某省某市中级人民法院民事判决书

（2015）某中民二初字第××××号

语步一：标题

二：诉讼方列举

原告某银行股份有限公司某支行。

负责人朱某某，该行行长。

委托代理人梁某某，某银行股份有限公司某市分行职员。

被告某市某汽车销售服务有限公司。地址某市××区××东街。

法定代表人刘某某，该公司总经理。

委托代理人吴某，某公司职员。

被告刘某某。

被告王某某。

被告邓某某。

语步二：引言

原告某银行股份有限公司某支行因与某市某汽车销售服务有限公司、刘某某、王某某、刘某某、邓某某金融借款合同纠纷一案，于2015年2月2日向本院提起诉讼。本院受理后，依法组成合议庭，于2015年3月17日、4月13日公开开庭进行审理。原告某银行股份有限公司某支行的委托代理人朱某、梁某某，被告某某汽车销售服务有限公司法定代表人刘某某及其委托代理人吴某，被告刘某某，被告邓某某、王某某到庭参加诉讼。本案现已审理终结。

语步三：当事人诉求/辩护

一：原告诉称

原告某银行股份有限公司某支行诉称，2014 年 4 月 28 日，被告某汽车销售服务有限公司（以下简称某公司）因需要资金周转与原告某银行股份有限公司某支行（以下简称某支行）签订了《承兑协议》，承兑汇票金额2 000 万元，期限6 个月。被告刘某某、王某某、邓某某与原告某支行签订了《自然人保证合同》，被告刘某某、王某某、邓某某自愿为被告某公司提供无限连带责任的保证。被告某公司自身提供1 000 万保证金，另由某省中小企业信用担保有限责任公司提供1 000 万元连带责任保证。被告刘某在原告某支行办理的卡号为48 × × ×82，截至2015 年1 月20 日欠款49. 544 3 万元，利息按日利率万分之五计算至清偿之日止，被告王某某系被告刘某某配偶，对夫妻婚姻存续期间发生的债务应承担连带清偿责任。2014 年5 月以来，因某市民间融资风暴，涉及被告某公司的日常经营，经双方协商，被告某公司将质押在原告某支行的1 000 万保证金及利息用于归还某集团有限公司旗下企业在原告处贷款的逾期利息。2014 年10 月29 日，被告某公司承兑汇票到期，尚欠原告某支行承兑汇票垫款139. 617 35 万元。现被告某公司无力偿还借款，故具状诉至法院，请求法院判令被告某公司立即归还原告借款本金139. 6 万元及利息（利息计算至全部清偿之日止），判令被告刘某某、王某某、邓某某对被告某公司的上述债务承担连带保证责任；判令被告刘某某偿还原告信用卡欠款49. 5 万元（下段利息按日利率万分之五计算至清偿之日止），被告王某某对被告刘某某所欠债务承担连带清偿责任；判令被告承担本案诉讼费用。

原告某支行为支持其主张向本院提供了如下证据：

证据一，被告某公司税务登记证、组织机构代码证和被告刘某某、王某某、邓某某身份证。拟证明被告具有诉讼主体资格。

证据二，2014 年4 月28 日，原告某支行与被告某公司签订的《银行承兑协议》。拟证明被告某公司向原告某支行借款1 000 万元事实成立。

证据三，2014 年4 月28 日，原告某支行与被告某公司签订的《保证金质押合同》，拟证明被告某公司为借款提供1 000 万元保证金质押担保事实成立。

证据四，2013 年10 月10 日，原告某支行与某省中小企业信用担保有限责任公司签订的《最高额保证合同》。拟证明某省中小企业信用担保有限责任公司为被告某公司借款承担1 000 万元连带责任保证事实成立。

证据五，2014 年 4 月 28 日，原告某支行与被告刘某某、王某某、邓某某签订的《自然人保证合同》。拟证明被告刘某某、王某某、邓某某为被告某公司借款 1 000 万元承担无限连带责任保证事实成立。

证据六，银行承兑汇票。拟证明原告某支行按照合同约定如期足额签发银行承兑汇票 2 000 万元的事实。

证据七，代偿证明。拟证明保证人某省中小企业信用担保有限责任公司代为被告某公司偿还借款的事实。

证据八，某集团有限公司出具的《关于申请贷款延期并减免罚息的报告》、被告某公司出具的《关于申请使用部分保证金支付到期银承业务垫款利息的报告》、2014 年 5 月 27 日特种转账贷方凭证一张、2014 年 9 月 30 日特种转账借方凭证九张。拟证明被告某公司支取 1 000 万元保证金用于归还某集团有限公司旗下五家公司尚欠原告某支行承兑汇票垫款利息的事实。

证据九，《逾期贷款（垫款）催收通知书》及《回执》。拟证明原告某支行按照合同约定向被告某公司催收贷款事实。

证据十，《钻石信用卡申请表》《中国某银行钻石信用卡领用协议》。拟证明原告某支行与被告刘某某信用借款关系事实。

证据十一，信用卡账号查询单。拟证明被告刘某某拖欠信用卡透支款及利息计算标准及金额。

证据十二，贷款查询单。拟证明被告某公司拖欠借款本金及利息计算标准及金额。

语步三：当事人诉求/辩护

二：被告辩称

被告某公司、刘某某、王某某、邓某某口头答辩称，一是与原告在信贷关系上一直保持良好状态，被告对原告的大力支持表示感谢，被告某公司之所以无法偿还借款，是因某金融风暴而导致，并不是主观故意，请原告予以谅解。二是被告某公司所借原告借款本金属实，但利息的起止时间和具体金额不明确，请求某支行减免或免除利息。三是《自然人保证合同》是原告某支行的格式合同，被告刘某某、王某某、邓某某在该格式合同上签字并不是其真实意思表示，故不应承担担保责任。

被告邓某某补充辩称：与被告刘某某已离婚，原告某支行申请诉讼保全，就法院冻结财产提出了异议；当时在担保格式合同上签字只是对处置夫妻的财产无异议才签名，而不是为了担保该债务而签名；不是婚姻存续期间所借的债务，亦未使用过该债务。请求法院依法驳回原告某支行的诉讼请求。

被告邓某某为支持其主张向本院提供与被告刘某某的《离婚证》。拟证明被告某公司借款时，已与被告刘某某离婚，不应承担连带责任。

被告某公司、刘某某、王某某未向本院提供证据。

语步四：法院判决

一：事实

二：证据（可选）

在本院的主持下，各方当事人对上述证据进行了质证。

被告某公司、刘某某、王某某、邓某某对原告某支行所提交证据的质证意见：

对原告提交的证据一、证据二、证据三、证据四、证据六、证据七、证据八、证据九、证据十、证据十一、证据十二无异议。对证据五有异议，被告刘某某、王某某、邓某某的担保关系不能成立，不应承担保证责任。

原告某支行对被告邓某某提交的质证意见：对其真实性无异议，但对证明目的有异议，因被告离婚后，被告邓某某仍是担保人，故应承担连带担保责任。

被告某公司、刘某某、王某某对被告邓某某所举证据的质证意见：没有异议。

本院对原告某支行所提交证据的认证意见：原告某支行提供的十二份证据，可以作为证据使用，并具有相应的证明效力。

本院对被告邓某某提交证据的认证意见：可以作为证据使用，但其证明目的结合其他证据综合考虑其效力。

根据本院采信的证据及各方当事人的陈述，本院查明如下事实：

2013 年 10 月 10 日，原告某支行与某省中小企业信用担保有限责任公司签订《最高额保证合同》。合同约定，某省中小企业信用担保有限责任公司自愿为被告某公司从 2013 年 10 月 10 日至 2014 年 10 月 10 日期间最高 1 000 万元承兑商业汇票的提供保证。

2014 年 4 月 28 日，被告某公司因需要资金周转与原告某支行签订了《银行承兑协议》、协议约定，开立银行承兑汇票 2 000 万元，其中1 000万元由被告某公司提供保证金质押；到期日为2014年7月10日，承兑汇票到期后按18%年利率计息。

同日，被告某公司与原告某支行签订了《保证金质押合同》，合同约定，被告某公司在签订本合同之日起三个工作日内将1 000万的保证金存入保证金专户。

同日，被告刘某某、王某某、邓某某与原告某支行签订《自然人保证合同》，自愿为被告某公司的上述借款承担连带担保责任。

2014年4月29日，原告某支行向被告某公司签发2 000万元的承兑汇票，其中，1 000万元由被告某公司提供保证金质押。

2014年6月19日，某省中小企业信用担保有限责任公司为被告某公司代偿1 000万借款本金。

2014年9月以来，因某市民间融资增多，被告某公司的日常经营亦受到影响。2014年9月30日，被告某公司向原告某支行出具《关于申请使用部分保证金支付到期银承业务垫款利息的报告》，请求原告某支行用被告某公司在《银行承兑协议》业务项下的1 000万保证金，支付案外人某集团有限公司旗下的某市某汽车销售服务有限公司等五家公司尚欠的垫款利息。

2014年10月29日，承兑汇票到期，被告某公司尚欠垫款本金139.61万元及利息3.68万元（利息已计算至2015年1月29日止）。

另：被告刘某某于2009年9月29日与原告某支行签订了《钻石信用卡领用协议》，并办理信用卡一张，卡号×××，额度50万元，还款日为每月××日，协议约定对未在到期还款日前归还全部欠款的，原告某支行将按日利率万分之五计算利息。截止至2015年1月20日被告刘某某透支本息49.54万元。

2015年1月7日，原告某支行鉴于被告某公司持续拖欠借款本息，向被告某公司送达了《逾期贷款（垫款）催收通知书》，同日，被告某公司签收。

原告某支行因被告某公司、刘某某、王某某、邓某某未按约履行清偿义务具状诉至本院，并向本院提出诉前财产保全申请。本院经审查后准许了原告某支行的申请。

本案在审理过程中，经组织双方对借款本金及利息进行核对，被告某公司至2015年1月29日止，尚欠承兑汇票垫款139.61万元及利息3.68万元；被告刘某某截至2015年1月20日止尚欠信用卡本息49.54万元。

语步五：本院认为
　　一：解释法律
　　二：适用法律
　　三：法院观点

本院认为，原告某支行与被告某公司签订的《银行承兑协议》及《保证金质押合同》、原告某支行与某省中小企业信用担保有限责任公司签订的《最高额保证合同》系双方的真实意思表示，内容没有违反国家法律、法规的禁止性规定，应合法有效。原告某支行依约向被告某公司签发银行承兑汇票。被告某公司未按照合同约定及时向原告某支行偿付借款本息，属违约行为，应按合同之约定清偿借款本金及利息，因此，对原告某支行请求判令被告某公司偿还原告某支行借款本金及利息，承担本案诉讼费的诉讼请求，本院予以支持。

原告某支行与被告刘某某、王某某、邓某某签订的《自然人保证合同》，系合同当事人双方的真实意思表示，内容没有违反国家法律、法规规定，合法有效。因此，原告某支行请求被告刘某某、王某某、邓某某对被告某公司的债务承担连带清偿责任的主张有事实和法律依据，本院予以支持。至于被告邓某某辩称的与原告某支行签订的《自然人保证合同》不是真实意思表示，对被告某公司的借款不承担连带清偿责任的问题。但被告邓某某对其在合同上的签名不持异议，被告邓某某是具有完全民事行为能力的人，对其在《自然人保证合同》上签字所应承担的法律后果是清楚的，且合同内容并没有违反国家法律、法规禁止性的规定。现被告邓某某辩称对被告和宏公司借款不承担连带清偿责任没有事实依据和法律依据，本院不予采纳。

关于被告刘某某尚欠原告某支行透支款本金及利息，被告王某某是否承担共同偿还的问题，被告刘某某尚欠原告某支行透支款本金及利息，显属被告刘某某、王某某夫妻关系存续期间，且又无可视为个人债务的其他法定情形，故该笔债务应认定为夫妻共同债务，故被告刘某某、王某某应共同偿还原告某支行透支款本金及利息。

语步六：法院判决

一：裁判

综上所述，根据《中华人民共和国合同法》第八条、第六十条，《中华人民共和国担保法》第十八条、第二十一条，《最高人民法院关于适用〈中华人民共和国婚姻法〉若干问题的解释（二）》第二十四条，《中华人民共和国民事诉讼法》第一百四十二条之规定，判决如下：

一、由被告某市某汽车销售服务有限公司在本判决生效之日起10日内偿还原告某银行股份有限公司某支行借款本金人民币139万元；支付利息3.68万元（利息已计算至2015年1月29日，下段利息按年利率18%计息至清偿之日止）。

如被告某汽车销售服务有限公司未按本判决规定的期限内履行偿付义务，应按照《中华人民共和国民事诉讼法》第二百五十三条之规定，加倍支付延迟履行期间的债务利息。

二、被告刘某某、王某某、邓某某对某市某汽车销售服务有限公司应偿还原告某银行股份有限公司某支行的上述债务承担连带清偿责任。

被告刘某某、王某某、邓某某偿还上述款项后，有权向被告某市某汽车销售服务有限公司追偿。

三、被告刘某某、王某某在本判决生效之日起10日内偿还原告某银行股份有限公司某支行信用卡透支款项本息合计49.54万元（利息已计算至2015年1月20日，下段利息按日利率万分之五计算至清偿之日止）。

本案案件受理费2.18万元，财产保全费5 000元，合计2.68万元，由被告某市某汽车销售服务有限公司承担。

如不服本判决，可在判决书送达之日起15日内，向本院递交上诉状，并按对方当事人的人数提出副本，上诉于湖南省高级人民法院。

审　判　长　　×××
审　判　员　　×××
代理审判员　　×××
××××年×月××日
书　记　员　　×××

附相关法律条文：

《中华人民共和国合同法》：

第八条 依法成立的合同，对当事人具有法律约束力。当事人应当按照约定履行自己的义务，不得擅自变更或者解除合同。

依法成立的合同，受法律保护。

第六十条 当事人应当按照约定全面履行自己的义务。

当事人应当遵循诚实信用原则，根据合同的性质、目的和交易习惯履行通知、协助、保密等义务。

《中华人民共和国担保法》：

第十八条 当事人在保证合同中约定保证人与债务人对债务承担连带责任的，为连带责任保证。

连带责任保证的债务人在主合同规定的债务履行期届满没有履行债务的，债权人可以要求债务人履行债务，也可以要求保证人在其保证范围内承担保证责任。

第二十一条 保证担保的范围包括主债权及利息、违约金、损害赔偿金和实现债权的费用。保证合同另有约定的，按照约定。

当事人对保证担保的范围没有约定或者约定不明确的，保证人应当对全部债务承担责任。

《最高人民法院关于适用〈中华人民共和国婚姻法〉若干问题的解释（二）》：

第二十四条 债权人就婚姻关系存续期间夫妻一方以个人名义所负债务主张权利的，应当按夫妻共同债务处理。但夫妻一方能够证明债权人与债务人明确约定为个人债务，或者能够证明属于婚姻法第十九条第三款规定情形的除外。

《中华人民共和国民事诉讼法》：

第一百四十二条 法庭辩论终结，应当依法作出判决。判决前能够调解的，还可以进行调解，调解不成的，应当及时判决。

第二百五十三条 被执行人未按判决、裁定和其他法律文书指定的期间履行给付金钱义务的，应当加倍支付迟延履行期间的债务利息。被执行人未按判决、裁定和其他法律文书指定的期间履行其他义务的，应当支付迟延履行金。

参考文献

一、中　文

［1］陈建平. 政治话语的批判分析研究及其对中国的启示. 解放军外国语学院学报，2008（5）.

［2］高云. 思维的笔迹. 北京：法律出版社，2009.

［3］黄国文. 语篇分析的理论与实践——广告语篇研究. 上海：上海外语教育出版社，2001.

［4］苏力. 送法下乡. 北京：中国政法大学出版社，2000.

［5］孙瑜. 找回大律师. 北京：法律出版社，2009.

［6］辛斌. 批评语言学：理论与应用. 上海：上海外语教育出版社，2005.

［7］肖晖. 中国判决理由的传统与现代转型——以民事判决为中心. 北京：法律出版社，2008.

［8］杜金榜. 从处置类信息的处理看法庭语篇说理的实现. 现代外语，2010（4）.

［9］傅郁林. 民事裁判文书的功能和风格. 中国社会科学，2000（4）.

［10］顾培东. 中国司法改革的宏观思考. 法学研究，2000（2）.

［11］贺卫方. 复转军人进法院. 南方周末，1998－01－02.

［12］冀宗儒. 论赔礼道歉作为民事就记得局限性. 人民司法，2005（9）.

［13］黄宏. 加快推进法官职业化建设. 人民日报，2016－01－27.

［14］苏力. 判决书的背后. 法学研究，2001a（3）.

［15］苏力. 乡土社会中的法律人. 法律和社会发展，2001b（2）.

［16］孙海龙，高伟. 裁判文书及其公信力现状调查和改革路径研究. 法律适用，2007（5）.

［17］田海龙. 多模式话语的社会实践. 南京社会科学，2006（8）.

［18］熊健奎. 浅析我国精神损害赔偿的特点. 当代法学，2003（9）.

［19］许传玺. 中国侵权法现状：考察与评论. 政法论坛，2002（1）.

［20］许瑞柏. 民商事判决书改革中的几个问题. 法律适用，2003（增1）.

［21］尤泽顺，陈建平. 政治话语的批判性分析研究及其对中国的启示. 解放军外国语学院学报，2008（5）.

［22］张琪. 通过法律推理实现司法公正. 法学研究，1999（5）.

二、英 文

［1］ATKINSON J M, DREW P. Order in court: the organization of verbal behavior in judicial settings. London: Macmilan, 1979.

［2］BARGIELA – CHIAPPINI F, NICKERSON C. Writing business: genres, media and discourse. London: Longman, 1999.

［3］BARGIELA – CHIAPPINI F, NICKERSON C, PLANKEN B. Business discourse. New York: Palgrave, 2007.

［4］BARNES J. The continuing debate about "plain language" legislation: a law reform conundrum. Statute law review, 2006, 27（2）.

［5］BAZERMAN C. Shaping written knowledge: the genre and activity of the experimental article in science. Madison, Wis.: University of Wisconsin Press, 1988.

［6］BAZERMAN C. Singular utterances: realizing local activities through typified forms in typified circumstances//A TROSBORG. Analysing professional genres. Amsterdam, Philadelphia: John Benjamins, 2000.

［7］BAZERMAN C. Rhetorical research for reflective practice: a multi – layered narrative//C N CANDLIN. Research and practice in professional discourse. Hong Kong: City University of Hong Kong Press, 2002.

［8］BAZERMAN C. Intertextuality: how texts rely on other texts//C BAZERMAN & P PRIOR . What writing does and how it does it: an introduction to analyzing texts and textual practices. Mahwah, N. J.: Lawrence Erlbaum Associates, 2004.

［9］BEAUFORT A. Writing in the real world: making the transition from school to work. New York: Teachers College Press, 1999.

［10］BERKENKOTTER C, HUCKIN N. Genre knowledge in disciplinary communication: cognition/culture/power. Hillsdale, N. J.: Lawrence Erlbaum Associates, 1995.

[11] BHATIA V K. An applied discourse analysis of English legislative writing. University of Aston: Language Studies Unit, 1983a.

[12] BHATIA V K. Simplification v. Easification: the case of legal texts. Applied Linguistics, 1983b, 4 (1).

[13] BHATIA V K. Language of the law. Language teaching, 1987, 20 (4).

[14] BHATIA V K. Pragmatics of the use of nominals in academic and professional genres. Pragmatics and language learning, 1992 (3).

[15] BHATIA V K. Analysing genre: language use in professional settings. London: Longman, 1993.

[16] BHATIA V K. Cognitive structuring in legislative provisions//J GIBBONS. Language and the law. Harlow, Essex, England: Longman, 1994.

[17] BHATIA V K. Genre - mixing in professional communication: the case of "private intentions" v. "socially recognized purposes" //P BRUTHIAUX, T BOSWOOD & B DU - BABCOCK. Explorations in English for professional communication. Hong Kong: City University of Hong Kong, 1995.

[18] BHATIA V K. Genre - mixing in academic introductions. English for specific purposes, 1997a, 16 (3).

[19] BHATIA V K. Applied genre analysis and ESP//T MILLER. Functional approaches to written text: classroom applications. Washington, D. C.: United States Information Agency, English Language Programs, 1997b.

[20] BHATIA V K. LSP and professional practice: negotiating disciplinary conflicts//M GOTTI, D HELLER & M DOSSENA. Conflict and negotiation in specialized texts: selected papers of the 2nd CERLIS conference. Bern; New York: Peter Lang, 2002.

[21] BHATIA V K. Worlds of written discourse: a genre - based view. London: Continuum, 2004.

[22] BHATIA V K. Towards critical genre analysis//V K BHATIA, J FLOWERDEW & R H JONES. Advances in discourse studies. London; New York: Routledge, 2008.

[23] BHATIA V K. Interdiscursivity in professional communication. Discourse & Communication, 2010, 21 (1).

[24] BHATIA V K, CANDLIN C N, SHARMA R. Confidentiality and integrity of international commercial arbitration practice. Arbitration, 2009 (75).

[25] BHATIA V K, CANDLIN C N, ENGBERG J. Legal discourse across cultures and systems. Hong Kong: Hong Kong University Press, 2008.

[26] BHATIA V K, CANDLIN C N, ENGBERG J, TROSBORG A. Multilingual and multicultural contexts of legislation. Berlin: Peter Lang, 2003a.

[27] BHATIA V K, CANDLIN C N, GOTTI M. Legal discourse in multilingual and multicultural contexts. Berlin: Peter Lang, 2003b.

[28] BHATIA V K, ENGBERG J, GOTTI M, HELLER D. Vagueness in normative texts. Berlin: Peter Lang, 2005.

[29] BIESECKER BARBARA A. Rethinking the rhetorical situation from within the thematic of difference. Philosophy and Rhetoric, 1999, 22 (2) //J L LUCAITES, C M CONDIT & S CAUDILL. Contemporary rhetorical theory: a reader. New York: Guilford Press, 1989.

[30] BITZER L. The rhetorical situation. Philosophy and Rhetoric, 1968 (1).

[31] Bloor T. The functional analysis of English: a hallidayan approach. London: Arnold, 1995.

[32] BREMNER S. Intertextuality and business communication textbooks: why students need more textual support. English for specific purposes, 2008, 27 (3).

[33] CANDLIN C N, MALEY Y. Intertextuality and interdiscursivity in the discourse of alternative dispute resolution//B GUNNARSSON, P LINELL & B NORDBERG . The construction of professional discourse. London, New York: Longman, 1997.

[34] CARROLL C. Nuremberg: judgment and challenge—he rediscovery of the law above the statutory. USAFA journal of legal studies, 1995 (6).

[34] CHANG Y - Y, SWALES J M. Informal elements in English academic writing: Threats or opportunities for advanced non - native speakers// C N CANDLIN & K HYLAND. Writing: texts, processes and practices. Harlow: Longman, 1999.

[35] CLANDININ D J, CONNELLY F M. Personal experience methods// N DENZIN & Y LINCOLN. Handbook of qualitative research. Thousand Oaks: Sage Publishing, 1994.

[36] COHEN J A. Reforming China's civil procedure: judging the courts. The American journal of comparative law, 1997, 45 (4).

[37] CONNELLY F M, CLANDININ D J. Stories of experience and narrative inquiry. Educational researcher, 1990, 19 (5).

[38] CONNOR U, JOHNS A M. Coherence in writing: research and pedagogical perspectives. Virginia: TESOL, Inc. , 1990.

[39] COOK G. Discourse. Oxford: Oxford University Press, 1989.

[40] COULTHARD M. An introduction to discourse analysis. London: Longman, 1977.

[41] CRISMORE A, MARKKANEN R, STEFFENSEN M. Metadiscourse in persuasive writing: a study of texts written by American and Finnish university students. Written communication, 1993, 10 (1).

[42] DEVITT A J. Intertextuality in tax accounting: generic, referential and functional//C BAZERMAN & J PARADIS. Textual dynamics of the professions: historical and contemporary studies of writing in professional communities. Madison, Wis. : University of Wisconsin Press, 1991.

[43] DEVITT A J. Writing genres. Carbondale: Southern Illinois University Press, 2004.

[44] ENKVIST N E. Seven problems in the study of coherence and interpretability//U CONNOR & A M JOHNS. Coherence in writing: research and pedagogical perspectives. Virginia: TESOL, Inc. , 1990.

[45] FAIRCLOUGH N. Discourse and social change. Cambridge: Polity Press, 1992.

[46] FAIRCLOUGH N. Critical discourse analysis and the marketization of public discourse: the universities. Discourse & Society, 1993, 4 (2).

[47] FAIRCLOUGH N. Critical discourse analysis: the critical study of language. London, New York: Longman, 1995.

[48] FAIRCLOUGH N. Analysing discourse: textual analysis for social research. London, New York: Routledge, 2003.

[49] FLOWERDEW J. Academic discourse. London: Person Education, 2002.

[50] FREEDMAN A, MEDWAY P. Genre and the new rhetoric. London: Taylor and Francis, 1994a.

[51] FREEDMAN A, MEDWAY P. Learning and teaching genre. Portsmouth, N. H. : Heinemann/Boynton – Cook, 1994b.

[52] GECHILK M Y. Judicial reform in China: lessons from Shanghai. Columbia journal of Asian law, 2005, 19 (1).

[53] GEERTZ C. The interpretation of culture. New York: Basic Books, 1973.

[54] GEORGE J J. Judicial opinion writing handbook. New York: William S. Hein & Co. , Inc. , 2000

[55] GIBBONS J. Language and the law. Harlow, Essex, England: Longman, 1994.

[56] GOFFMAN E. The presentation of self in everyday life. New York: Doubleday, 1959.

[57] HAFNER C. Understanding barristers' opinions: a discourse analytical perspective. Clarity, 2006 (56).

[58] HALLIDAY M A K. Language as social semiotic: the social interpretation of language and meaning. London: Edward Arnold, 1978.

[59] HALLIDAY M A K. Spoken and written language. Oxford: Oxford University Press, 1989.

[60] HALLIDAY M A K, HASAN R. Cohesion in English. London: Longman, 1976.

[61] HALLIDAY M A K, MATTHIESSEN C. An introduction to functional grammar. London: Arnold, 2004.

[62] HYLAND K. Talking to the academy: forms of hedging in science research article. Written communication, 1996, 13 (2).

[63] HYLAND K. Disciplinary discourse: social interactions in academic writing. Harlow: Longman, 2000.

[64] HYLAND K. Genre and second language writing. Ann Arbor: University of Michigan Press, 2004.

[65] HYLAND K. Metadiscourse: exploring interaction in writing. London: Continuum, 2005.

[66] HYON S. Genres in three traditions: implications for second language teaching. TESOL Quarterly, 1996 (30).

[67] JOHNS A M. Text, role and context: developing academic literacies.

New York: Cambridge University Press, 1997.

[68] JOLLIFFE D A. Writing in academic disciplines. Norwood, N. J.: Ablex Pub. Corp., 1988.

[69] KIMBLE J. Answering the critics of plain language. The scribes journal of legal writing, 1994 (5).

[70] KURZON D. "Legal language": varieties, genres, registers, discourses. International journal of applied linguistics, 1997 (7).

[71] LEVI J N, WALKER A G. Language in the judicial process. New York: Plenum Press, 1990.

[72] LIN C X. A quiet revolution: an overview of China's judicial reform. Asian - Pacific law & policy journal, 2003, 4 (2).

[73] LITTLE L E. Hiding with words: obfuscation, avoidance and federal jurisdiction opinions. UCLA law review, 1998 (46).

[74] MALEY Y. The language of the law//J GIBBONS. Language and the law. Harlow, Essex, England: Longman, 1994.

[75] MARTIN J R. English text: system and structure. Philadelphia: John Benjamins Pub. Co., 1992.

[76] MARTIN J R. Analysing genre: functional parameters//F CHRISTIE & J R MARTIN. Genre and institutions: social processes in the workplace and school. London: Cassell, 1997.

[77] MARTIN J R., CHRISTIE F, ROTHERY J. Social processed in education: a reply to sawyer and watson (and others) //I REID. The place of genre in learning: current debates. Greelong: Australia Deakin University Press, 1987.

[78] MARTIN J R, WHITE P R R. The language of evaluation: appraisal in English. Basingstoke, New York: Palgrave Macmillan, 2005.

[79] MAURANEN A. Contrastive ESP rhetoric: metatext in Finnish - English economics texts. English for specific purposes, 1993, 12 (1).

[80] MILLER C. Genre as social action. Quarterly journal of speech, 1984 (70).

[81] MILLER C. Rhetorical community: the cultural basis of genre//P MEDWAY & A FREEDMAN. Genre and the new rhetoric. London: Taylor & Francis, 1994.

[82] ORBUCH T L. People's accounts count: the sociology of accounts.

Annual review of sociology, 1997 (23).

[83] PAN W. Toward a consultative rule of law regime in China. Journal of contemporary China, 2003, 12 (34).

[84] PEERENBOOM R. A government of laws: democracy, rule of law and administrative law reform in the PRC. Journal of contemporary China, 2010, 12 (34).

[85] POSNER R A. Judges' writing styles (And do they matter?). The university of Chicago law review, 1995 (62).

[86] ROWE S E. Legal research, legal writing and legal analysis: putting law school into practice. Stetson law review, 1999.

[87] SANDERS T J M, NOORDMAN L G M. The role of coherence relations and their linguistic markers in text processing. Discourse processes, 2000, 29 (1).

[88] SANDERS T J M, SPOOREN W P M, NOORDMAN L G M. Toward a taxonomy of coherence relations. Discourse processes, 1992 (15).

[89] SEIDMAN I. Interviewing as qualitative research: a guide for researchers in education and the social sciences (2nd ed.). New York: Teachers College Press, 1998.

[90] SMART G. Writing the economy: activity, genre and technology in the world of banking. London: Equinox, 2006.

[91] SMART G. Ethnographic – based discourse analysis//V K BHATIA, J FLOWERDEW & R H JONES. Advances in discourse studies. London: Routledge, 2008.

[92] SOLAN L M. Pernicious ambiguity in contracts and statutes. Chicago – Kent Law Review, 2004 (79).

[93] SLOAN L M. Private language, public laws: the central role of legislative intent in statutory interpretation. The georgetown law journal, 2005 (93).

[94] STEVENSON D. To whom is the law addressed. Yale law & policy review, 2003 (21).

[95] SWALES J M. Aspects of article introductions. Birmingham, UK: University of Aston Language Studies Unit, 1981.

[96] SWALES J M. Citation analysis and discourse analysis. Applied linguistics, 1986a, 7 (1).

[97] SWALES J M. A genre – based approach to language across the curriculum//M L TICKOO. Language across the curriculum: selected papers from the RELC deminar on "language across the curriculum". Singapore: SEAMEO Regional Language Centre, 1986b.

[98] SWALES J M. Genre analysis: English in academic and research settings. Cambridge: Cambridge University Press, 1990a.

[99] SWALES J M. Nonnative speaker graduate engineering students and their introductions: global coherence and local management//U CONNOR & A M JOHNS . Coherence in writing: research and pedagogical perspectives. Virginia: TESOL, Inc. , 1990b.

[100] SWALES J M. Other floors, other voices: a textography of a small university building. Mahway, N. J. : Lawrence Erlbaum Associates, 1998.

[101] SWALES J M. Research genres: explorations and applications. Cambridge, UK; New York: Cambridge University Press, 2004.

[102] TETLEY W. Mixed jurisdictions: common law vs civil law (codified and uncodified) (Part Ⅰ). Uniform law review, 1999 (3).

[103] THOMPSON G. Introducing functional grammar. London, New York: Arnold, 1996.

[104] TIERSMA P. A message in a bottle: text, autonomy and statutory interpretation. Tulane law review, 2001 (76).

[105] TURNBULL I. Legislative drafting in plain language and statements of general principles. Statute law review, 1997, 18 (1).

[106] VAN DIJK T. Discourse and power. New York: Plagrave Macmillan, 2008.

[107] VAN DUNNE J M. Narrative coherence and its function in judicial decision making and legislation. The American journal of comparative law, 1996 (44).

[108] VANDE KOPPLE W J. Some exploratory discourse on metadiscourse. College composition and communication, 1985 (36).

[109] WAGNER A. Mapping legal semiotics. International journal of semiotics of law, 2010 (23).

[110] WALD P M. The rhetoric of results and the results of rhetoric: judicial writings. The university of Chicago law review, 1995 (62).

[111] WANG GANLIN. 66 errors in one judgment. Democracy and legal system, 2009 (22).

[112] WENGRAF T. Qualitative research interviewing: biographical narrative and semi - structured methods. London: SAGE, 2001.

[113] WHITE H D. Citation analysis and discourse analysis revisited. Applied linguistics, 2004, 25 (1).

[114] WHITE J B. What's an opinion for? The university of Chicago law review, 1995, 62 (4).

[115] WILLIAMS C. Legal English and plain language: an introduction. ESP across cultures, 2004 (1).

[116] WODAK R, MEYER M. Critical discourse analysis: history, agenda, theory and methodology//R WODAK & M MEYER. Methods for critical discourse analysis (2nd ed.). London: Sage, 2009.

[117] YOUNG L, HARRISON C. Systemic functional linguistics and critical discourse analysis: studies in social change. London, New York: Continuum, 2004.

[118] ZHAO Y, SHARMA R. Introduction to the legal system of the People's Republic of China//V K BHATIA, C N CANDLIN, J ENGBERG & A TROSBORG. Multilingual and multicultural contexts of legislation. Berlin: Peter Lang, 2003.

[119] ZHANG QIANFAN. The people's court in transition: the prospects of the Chinese judicial reform. Journal of contemporary China, 2003, 12 (34).

后　记

2007 至 2011 年，我在香港城市大学英文系由话语分析知名学者 Vijay Bhatia 教授指导，接受了系统的特别用途英语（English for Specific Purposes）和话语分析（Discourse Analysis）训练，顺利地完成了关于中国法律话语的博士研究工作。2011 年回到内地之后，我有幸在文艺批判理论家暨南大学蒋述卓教授的指导下进行博士后研究工作，期间深化了对话语理论的掌握，系统地了解了批判话语分析学派主要代表人物 Norman Fairclough 及 Paul Gee 等人构建话语分析框架的社会学理论基础，学习了应用语言学流派话语分析领军人物 John Swales 及 Ken Hyland 等人所倚重的文化人类学背景知识。在此基础上，我对自己掌握的话语分析工具——批判体裁理论（Critical Genre Theory），基于中国语境和问题，做了一定程度的调整和扩展，使之能摆脱教学和课堂语境的束缚，成为解读当下中国社会和话语变迁的有效工具。

随着对相关社会理论的深入了解，如仪式研究、市场化、合法性理论、互文性等，结合熟悉的话语分析工具和中国的法律和教育现状，我于 2013 年申请到教育部人文社会科学研究 2013 年度青年基金项目“中国语境下的机构话语研究——评价理论的视角”（项目编号 13YJC740028），在此基础上，我继续探索批判体裁理论在新的行业话语领域（如教育、商务）的适用性，在 Critical Discourse Studies、Discourse & Communication 等国际 SSCI 权威期刊发表论文多篇，这些研究成果的发表有利于国际学术界对中国改革开放以来影响深远的社会和机构变迁形成更为客观的认知和解读，同时，对于中国人文社会科学研究“走出去”并逐步形成自己的国际影响力也有积极作用。这些研究成果对于提高中国话语研究的国际影响力有积极的帮助。本书基于我以往完成的法律等行业话语研究的成果整合而成。

在我进行研究的过程中，蒋述卓教授给了我很大的帮助和鼓励。蒋述卓教授在文艺学领域的渊博知识极大地丰富了我的学术视野，使我的研究之旅收获颇丰。和他交谈总是令人愉悦的，他督促我早日进行与中国当下语境相关的批判话语研究，而当我在研究中遇到困难或倍感沮丧之时，他又总能及时给我信心和鼓励。正是得益于他的教诲，我才能及时完成相关的论文写作，才能及时完成该研究并结集出版！同时，暨南大学外国语学院在我开展研究的三年里，在教学工作安排上照顾颇多，让我有了较为充分的时间专心于科研，在此也一并感谢！

韩征瑞

2016 年 6 月